Ripley's
Believe It
or Not!®

Vicepresidenta de Licencias y Publicaciones Amanda Joiner
Gerenta de contenido creativo Sabrina Sieck

Editora Jordie R. Orlando
Texto Geoff Tibballs
Redacción de artículos Engrid Barnett, Jordie R. Orlando
Revisora de datos y correctora Rachel Paul
Indizadora Yvette Chin
Agradecimientos especiales Steve Campbell, Yaneisy Contreras, John Corcoran, Steph Distasio, Julia Moellmann, Kurtis Moellmann, Colton Kruse y Matt Mamula

Diseñador Luis Fuentes
Reprografía Bob Prohaska
Diseño de la portada Luis Fuentes

ISBN 978-1-60991-513-1

Información de contacto sobre permisos:
Vice President, Licensing & Publishing
Ripley Entertainment Inc.
7576 Kingspointe Parkway, Suite 188
Orlando, Florida 32819
publishing@ripleys.com
www.ripleys.com/books

Fabricado en China en septiembre de 2022 por Leo Paper
Primera impresión

Número de control de la Biblioteca del Congreso:
2021934183

NOTA DEL EDITOR
Aunque se ha hecho todo lo posible para verificar la exactitud de los artículos en este libro, el editor no se hace responsable de los errores contenidos en el mismo. Cualquier comentario de los lectores es bienvenido.

ADVERTENCIA
Algunas de las proezas y actividades que se presentan fueron realizadas por expertos, y ninguna persona sin entrenamiento y supervisión adecuados debe intentar emularlas.

Ripley's
Believe It or Not!®

FUERA DE SERIE

RIPLEY®
PUBLISHING

a Jim Pattison Company

CONTENIDO FUERA DE SERIE

SECCIONES ESPECIALES:

Believe It or Not! BIO

Una mirada a fondo en las increíbles vidas de figuras históricas y contemporáneas.

...OR NOT!

La sorprendente verdad detrás de algunas ideas equivocadas comunes.

103
EXTRAÑA TECNOLOGÍA

29
MARAVILLAS NATURALES

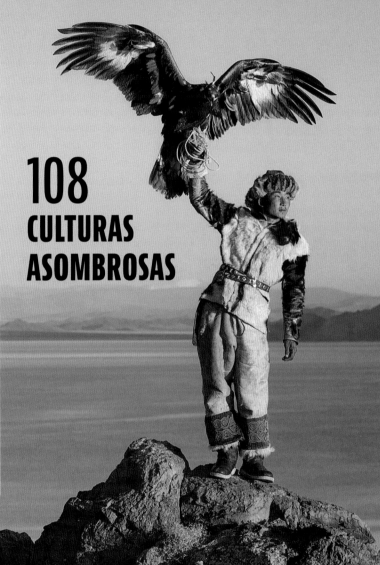

108
CULTURAS ASOMBROSAS

Ripley's Rarities

FAN FEED

RIPLEY'S EXCLUSIVE

Un vistazo a las piezas raras e inusuales que

¡Las sorprendentes contribuciones de los

¡La gente detrás de las imágenes en entrevistas que no se encuentran en ningún

FERIA INCREÍBLE

¡El primer Odditorium de ¡Aunque Ud. no lo crea!, de Ripley se presentó en la Feria Mundial de 1933 en Chicago, EE. UU.!

Las exposiciones internacionales como la Feria Mundial ofrecen a los países la oportunidad de mostrar sus logros culturales e industriales más novedosos. Robert Ripley, el fundador de ¡Aunque Ud. no lo crea!, de Ripley, fue una de las personas más populares en Estados Unidos durante la década de 1930, y fue un paso natural dar vida a sus exitosas viñetas con un museo en la Feria Mundial.

El museo, un "Odditorium", recibió la asombrosa cantidad de dos millones de visitantes. En el interior había docenas de caricaturas famosas de Ripley, artistas en vivo y cientos de artefactos extraños y exóticos que Ripley adquirió en sus viajes por el mundo. De hecho, Ripley viajó tanto, que para entonces tenía un apodo bastante adecuado: "el Marco Polo moderno". El éxito del primer Odditorium llevó a varias presentaciones más en exposiciones mundiales por todo el país.

Para conmemorar los primeros Odditoriums, se puso a la venta una selección de diseños de pósters clásicos de ¡Aunque Ud. no lo crea!, de Ripley en nuestra nueva tienda en línea, RipleysStore.com.

HONGOS FEROCES

Estos insectos no llevan gorros ni disfraces de fiesta: ¡todos han sido invadidos por hongos!

Hay alrededor de 144 000 especies clasificadas de hongos, incluidos diferentes tipos de setas, mohos, levaduras y otros. Algunas de las variedades más agresivas se denominan *hongos entomopatógenos*; se trata de parásitos que se apoderan del cuerpo de un insecto, ¡y a veces incluso controlan sus movimientos! El hongo crece dentro y alrededor del cuerpo del insecto, lo que crea apéndices extraños y, por lo general, le causa la muerte. Cuando termina de crecer, el hongo libera esporas para infectar a su próxima víctima.

¡LOS HONGOS PUEDEN CONSUMIR INCLUSO A LAS TARÁNTULAS!

¡TERROR EN LAS PROFUNDIDADES!

RAREZAS DE LAS PROFUNDIDADES

Algunas de las criaturas más extrañas del mundo se pueden encontrar bajo el agua.

1 Vida breve

La hembra del pez dragón negro del Pacífico crece hasta ocho veces el tamaño del macho. El macho muere poco después del apareamiento.

2 Sangre incolora

Debido a la falta de glóbulos rojos y hemoglobina, el draco de los océanos del sur tiene sangre incolora.

3 Estómago colgante

El engullidor negro es un pez de aguas profundas capaz de comerse a presas de más del doble de su tamaño de un solo bocado y digerirlas lentamente en un estómago grande y expandible que cuelga debajo de su cuerpo.

4 Descarga eléctrica

Algunos peces uranoscópidos del Atlántico Norte entierran el cuerpo en la arena y electrocutan a los peces o crustáceos que pasan, para luego tragárselos enteros. Tienen un órgano especial detrás de los ojos que puede transmitir una descarga eléctrica lo bastante potente como para aturdir a presas pequeñas.

5 Boca grande

El pez tubícola chusco, que vive frente a las costas del Pacífico de América del Norte, tiene una boca que puede abrirse a más del doble del ancho de su cuerpo. Cuando los machos rivales se acercan demasiado, abren sus gigantescas bocas de colores brillantes y se miran así agresivamente. El que tiene la boca más grande gana el enfrentamiento.

6 Pez saltarín

El piraputanga es un pez de los ríos de América del Sur que puede saltar fuera del agua para arrancar y comerse las bayas de los árboles que cuelgan sobre el agua.

7 Pez trípode

El pez trípode de aguas profundas recibe su nombre por las tres aletas largas y rígidas sobre las que se apoya en el lecho marino mientras busca comida. Estas aletas llegan a medir 1 m de largo, tres veces la longitud del cuerpo del pez.

8 Pez con armadura

Las escamas duras del pez *Arapaima gigas*, que vive en la cuenca del Amazonas, actúan como una armadura contra las mordeduras de las pirañas. Este mecanismo de defensa es tan eficaz, que los científicos han utilizado el diseño de las escamas para desarrollar nuevos tipos de chalecos antibalas para proteger a las personas contra balas y cuchillos.

LLANTITA EN EL CUELLO

Un cocodrilo en Palu, Indonesia, ha tenido una llanta de motocicleta atorada alrededor del cuello más de cuatro años.

Temerosos de que la llanta lo lastime o estrangule, los encargados de la vida silvestre han tratado de quitársela durante años. Aunque Ud. no lo crea, ofrecieron un premio en efectivo a cualquiera que se atreva a quitarle la llanta al cocodrilo de 4 m de largo.

Para crear conciencia, una panadería local hizo hogazas de pan con la forma del cocodrilo.

Pieza de Ripley
Núm. cat. 175120

CABELLOS DE ABRAHAM LINCOLN

Un mechón grueso de cabello de cinco centímetros cortado de la cabeza del presidente Abraham Lincoln el día después de su asesinato. También forma parte de esta pieza el telegrama manchado de sangre que se usó para guardar el cabello.

¿ES ESTA EL ARMA QUE MATÓ A LINCOLN?

Pieza de Ripley
Núm. cat. 175120

ARMA DE JOHN WILKES BOOTH

Una de las dos pistolas de bolsillo que llevaba John Wilkes Booth la noche en que asesinó al presidente estadounidense Abraham Lincoln. Durante años, no se supo cuál se usó para matar a Lincoln. Gracias a la ciencia forense moderna, ahora sabemos que el arma homicida es la que se exhibe en el Teatro Ford en Washington, D.C.

Pieza de Ripley
Núm. cat. 175120

RETRATO DE CENTAVOS

Imagen de Abraham Lincoln creada con 2400 monedas de un centavo. Las diferencias de color en las monedas se deben a la exposición al medio ambiente y al uso. Creada por Danny Haber de New Rochelle, Nueva York, EE. UU.

PARALIZADOS DE MIEDO

Unas esculturas extrañas y surrealistas adornan el "Parco dei Mostri", un espectáculo de terror del siglo XVI situado dentro de un idílico jardín en Bomarzo, Italia. Este "parque de los monstruos" se construyó en 1552 por órdenes del príncipe Pier Francesco Orsini, como una representación visual de las desgarradoras experiencias que enfrentó, desde la guerra hasta el cautiverio y la muerte. El arquitecto, Pirro Ligorio, plasmó la visión del príncipe con estatuas como un perro de tres cabezas, un dragón luchando contra un lobo y un león, y un elefante de guerra. Tal vez lo más escalofriante sea una enorme cabeza que parece estar gritando, con una inscripción que dice "Todo pensamiento desaparece".

MÉDICOS VOLADORES

El Royal Flying Doctor Service de Australia tiene 71 aviones que vuelan más de 27 millones de kilómetros cada año para tratar a pacientes en lugares remotos, el equivalente de 34 viajes de ida y vuelta a la Luna.

LENGUA CASI MUERTA

El idioma njerep solo se habla en Nigeria y solo hay 4 hablantes, y el más joven de ellos tiene unos 60 años.

PASTELES ANTIGUOS

El Museo Británico exhibe varias piezas de galletas chinas conservadas por más de 1300 años.

DOS PUESTAS DE SOL

La torre Burj Khalifa de Dubái, Emiratos Árabes Unidos, de 828 m de altura, es tan alta que los visitantes pueden ver la puesta del sol dos veces. Pueden observar el ocaso desde el suelo y luego tomar el ascensor hasta los pisos superiores del edificio, y volver a verlo tres minutos después.

ESTADIO ALPINO

El estadio Ottmar Hitzfeld, sede del equipo de futbol suizo FC Gspon, está construido sobre la ladera de una montaña a unos 2000 m sobre el nivel del mar. Los jugadores y aficionados deben tomar dos teleféricos para llegar al estadio, y el desnivel es tan pronunciado que el club ha perdido más de mil balones.

POSTAL CALIENTE

Los visitantes de Vanuatu, una isla en el Pacífico, pueden enviar una postal desde un volcán activo. El monte Yasur de 361 m de altura en la isla de Tanna ha hecho erupción casi continuamente desde hace 800 años, pero hay un buzón de correo cerca del borde ardiente del cráter, y un cartero lo revisa con frecuencia.

COLECCIÓN DE LA BIBLIOTECA

Hay más de 170 millones de volúmenes en la Biblioteca Británica. Ocupan 746 km de estanterías, el equivalente a la distancia entre Londres y Aberdeen, Escocia, y el sótano se extiende bajo tierra hasta la altura de un edificio de ocho pisos. Un visitante que abriera cinco libros al día, tardaría más de 80 000 años en ver la colección completa.

¿SUBEN?

El elevador Bailong, en un acantilado del parque forestal nacional Zhangjiajie de China, ¡tiene más de 205 m de altura!

Conocido también como Elevador de los cien dragones, está formado por tres ascensores de dos pisos que suben por el costado de un pilar de arenisca. Poco menos de la mitad de su altura se encuentra dentro de la montaña misma, y la mitad superior restante expuesta ofrece vistas impresionantes y escalofriantes a la vez. Cada ascensor puede llevar hasta 50 personas y tarda unos dos minutos en llegar a la cima. En 2013, el alpinista francés Jean-Michel Casanova escaló la sección exterior de la estructura de acero (172 m) en 68 minutos y 26 segundos, sin equipo de seguridad.

"DRAGONCITOS"

¡Los proteos son salamandras ciegas que viven en cuevas y pueden vivir al menos 100 años! El primer registro escrito de un proteo data de 1689, cuando las fuertes lluvias arrastraron a los anfibios fuera de sus cuevas. Sus cuerpos largos y brazos rechonchos inspiraron la creencia de que podrían haber sido dragones bebés, pero no son criaturas feroces. Solo crecen hasta 30 cm de largo y se mueven lentamente. Muchos solo se mueven unos 4.9 m por año, ¡pero un estudio reciente determinó que uno de ellos no se movió durante siete años!

POR PARTIDA DOBLE

En un bosque de Pine Barrens, Nueva Jersey, EE. UU., se encontró una cría de cascabel de los bosques con dos cabezas, dos lenguas, cuatro ojos, pero un solo cuerpo. Se determinó que ambas cabezas de la serpiente, totalmente formadas, tiraban en diferentes direcciones al mismo tiempo debido a que sus cerebros operaban de forma independiente, pero la cabeza derecha era más dominante. El reptil recibió el nombre de "Double Dave" por David Schneider y Dave Burkett, los dos herpetólogos que lo descubrieron.

PALACIO DE MOCOS

Unas pequeñas criaturas de 10 cm de largo llamadas larváceos gigantes, que parecen renacuajos, viven en el océano y construyen casas complejas a su alrededor secretando moco de las células en sus cabezas. Estos "palacios de mocos" pueden tener hasta 1 m de ancho, el equivalente de una casa de cinco pisos construida por un ser humano. Estas casas semitransparentes protegen a las criaturas de los depredadores, pero son tan delicadas que se tapan rápidamente, y por lo general deben construir una nueva a diario.

HORMIGAS ZOMBIS

El hongo mortal *Ophiocordyceps unilateralis* se alimenta de las hormigas desde su interior y acaba por apoderarse por completo de sus cuerpos, convirtiéndolas en "zombis" y haciendo que broten esporas de ellas.

LUCES TRASERAS

Los cangrejos cacerola tienen un total de 10 ojos distribuidos por todo el cuerpo, incluida una serie de sensores de luz en las partes superior y lateral de la cola.

Las hembras de los dragones de Komodo a veces pueden dar a luz sin aparearse con un macho, un proceso llamado *partenogénesis*. Pero de esta manera solo pueden nacer bebés dragones machos.

PERRO TALENTOSO

Bucca, un perro callejero que se rescató en el estado de Nueva York, EE. UU., es ahora un miembro clave del departamento de bomberos de la ciudad de Nueva York, con la responsabilidad de detectar cualquier acelerante que pueda indicar un incendio premeditado. Recibió un premio especial por valentía en 2019 y también fue nombrado el mejor perro en Estados Unidos para detectar acelerantes.

LLAMADA SONORA

El pájaro campanero blanco macho de América del Sur produce una llamada de apareamiento de 125 decibeles, más fuerte que una motosierra o un martillo neumático.

CORREDORES DEL DESIERTO

La hormiga plateada del Sahara puede correr 108 veces la longitud de su cuerpo cada segundo, el equivalente de un ser humano que pudiera correr a 644 km/h.

SERPIENTE CONFUNDIDA

Kronos, una serpiente real común del santuario de reptiles Forgotten Friend en Elm, Pensilvania, EE. UU., tuvo que ser rescatada de sí misma cuando trató de tragarse 25 cm de su propia cola. Las serpientes reales a veces se muerden la cola creyendo que es otra serpiente, pero por lo general la sueltan cuando se dan cuenta de su error, y casi nunca intentan tragársela.

TALENTO TEGU

¡EL ARTISTA!

Winston, el tegu blanco y negro, crea obras de arte metiendo las garras y la cola en pintura de colores y golpeando contra un lienzo blanco.

El cariñoso lagarto es propiedad de Sarah Curry de Lansing, Michigan, EE. UU., que adoptó a Winston después de que lo abandonaron en una caja en la Great Lakes Zoological Society Los tegus blancos y negros pueden llegar a medir más de 1.2 m de largo, y se sabe que son mascotas relativamente dóciles. Las mascotas exóticas como los tegus a menudo requieren cuidados especiales y a veces terminan liberados en la naturaleza o abandonados en un refugio de animales, como le pasó a Winston. Las pinturas de Winston se venden hasta en 75 USD cada una y han recaudado miles de dólares para el Fondo contra incendios forestales de Australia.

CANINOS MULTIPLICADOS

Loki, un gran danés de Tulsa, Oklahoma, EE. UU., tenía 70 dientes en la boca, ¡28 más de lo normal! Cuando tenía alrededor de un año lo llevaron al veterinario para un chequeo de rutina, y ahí se descubrió su anomalía dental. Sus dueños sospechaban que tenía dientes extra, pero nunca habían mirado detenidamente la boca del bullicioso cachorro, ¡y nunca pensaron que tuviera tantos dientes! El veterinario pudo sacarle 21 de los dientes adicionales, y Loki puede sonreír ahora con más comodidad.

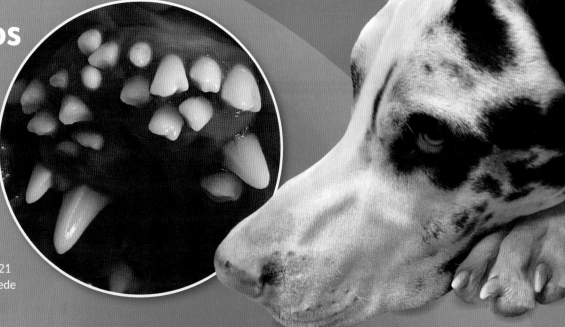

SUEÑOS DE MEZCLILLA

El artista londinense Ian Berry crea grandes obras, retratos y paisajes urbanos usando poco más que mezclilla de jeans reciclados.

Las imágenes de Berry son tan realistas que muchas personas las confunden a primera vista con fotografías de tonos azules. Una revisión más de cerca revela las muchas capas y tonos de mezclilla usados para crear cada obra. Tiene más de 2000 pares de jeans para elegir el tono exacto de azul que necesita. Su serie artística más reciente, *Hotel California*, explora el papel de California en la cultura pop. A través del filtro azul de cada collage, Berry examina la dicotomía entre la proverbial California y la realidad en que se vive.

NATACIÓN CON GRILLETES

Con las manos y los pies encadenados, Jack LaLanne, de 70 años, nadó mientras remolcaba a 70 personas en 70 botes de remos desde el puente de Queensway en Long Beach, California, EE. UU., hasta el barco *Queen Mary*, en 1984. Recorrió 1.6 km en dos horas y media, luchando todo el camino contra fuertes vientos y corrientes. Conocido como el "padrino del fitness", LaLanne logró muchas hazañas físicas notables a lo largo de su vida, como hacer 1000 flexiones y 1000 dominadas en solo 86 minutos. Comió su último postre en 1929 y falleció en 2011, a los 96 años.

MARATÓN DE BALCÓN

Durante el confinamiento por el COVID-19, el atleta francés Elisha Nochomovitz corrió un maratón completo de 42 km en el balcón de 7 m de largo de su departamento en Balma. Tardó 6 horas y 48 minutos en completar unas 3000 vueltas a su balcón.

JUEGOS DE LEGO

Matt Hines de Evans, Georgia, EE. UU., tiene una colección de casi 1200 juegos de LEGO de Star Wars. Empezó a coleccionarlos hace más de 20 años, en 1999.

PIÑAS REBANADAS

Syed Alavi de Kerala, India, usó una espada para cortar en menos de 30 segundos 75 piñas que sostenían voluntarios sobre la cabeza.

OJO MORADO

Mientras surfeaba en Pauanui Beach, Nueva Zelanda, Nick Minogue, de 60 años, de Auckland, se defendió del ataque de un gran tiburón blanco dándole un puñetazo en el ojo. El tiburón dejó marcas de mordeduras en su tabla y dos agujeros de dientes en su traje de neopreno.

FIEBRE DE CASTOR

Lori Gongaware de Chesterfield, Virginia, EE. UU., ha coleccionado más de 1400 figuritas de castores desde 1996. Tiene destapadores, tazas de café, sellos, sacapuntas y hasta un tatuaje de castor.

EN SILLA DE RUEDAS

Ocho años después de quedar paralizado del cuello para abajo por un accidente de bicicleta, Ian Mackay atravesó el estado de Washington, EE. UU., en su silla de ruedas: recorrió 560 km en 11 días.

ANOTA EL ABUELO

El futbolista egipcio Ezzeldin Bahader jugó un partido completo de 90 minutos y anotó en su debut profesional, a los 75 años. El 7 de marzo de 2020, Ezzeldin, que tiene seis nietos, anotó un tiro penal con el que el club 6 de Octubre de El Cairo empató 1-1 contra el Genius, en la tercera división del futbol egipcio.

ENERGÍA SOLAR

Durante una ola de calor en 2019 en Perth, Australia Occidental, Stu Pengelly cocinó un asado de cerdo de 1.5 kg en una bandeja para hornear que dejó en el asiento de su coche durante 10 horas.

JUEGOS DE MESA

David Przybyla, profesor de marketing en la Universidad del Valle de Utah, EE. UU., tiene una colección de unos 2000 juegos de mesa. Su interés comenzó en 2008 cuando un colega le enseñó el juego Carcassonne, pero calcula que solo ha jugado alrededor del 2% de su colección.

HASTA EL CIELO

Desde el principio de los tiempos, los seres humanos han anhelado volar, pero algo que a menudo se pasa por alto cuando se sueña con alcanzar nuevas alturas es el viaje de regreso. Estas son algunas formas extrañas pero reales en que personas y animales han logrado el "aterrizaje perfecto".

PIERNA PERDIDA

Chris Marckres perdió su pierna prostética mientras saltaba en paracaídas, pero la recuperó luego de que Joseph Marszalkowski, un granjero de Vermont, EE. UU., la descubriera intacta en un campo de soya.

PERRO TEMERARIO

El perro del paracaidista de saltos BASE Bruno Valente, un border collie llamado Kazuza, ¡lo ha acompañado en más de 40 saltos!

ATERRIZAJE AFORTUNADO

El 25 de septiembre de 1999, la paracaidista Joan Murray sobrevivió a una caída de 4400 m al caer sobre un hormiguero de hormigas coloradas, ¡cuyas picaduras la mantuvieron con vida!

LLUVIA DE ROEDORES

Para reducir el número de serpientes invasoras en la isla de Guam, se dejaron caer por todo el país, en diminutos paracaídas, 2000 ratones a los que se les había dado una droga letal para los reptiles.

TRABAJO PELIGROSO

Los "smokejumpers" son bomberos paracaidistas que se especializan en saltar sobre incendios forestales.

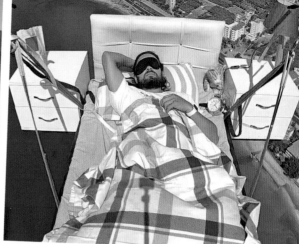

VUELO CÓMODO

Hasan Kaval, un piloto e instructor de parapente de 29 años de Izmir, Turquía, recientemente llevó la comodidad a nuevas alturas con un salto en paracaídas en un sofá.

Para llevar a cabo la hazaña, Kaval adaptó un sofá de cuero rojo con un marco de metal al que colocó ruedas y un dosel. También agregó una lámpara, un televisor y un reposapiés para completarlo. En pleno vuelo, Kaval se cambió los zapatos por pantuflas, bebió refresco y se comió algunas papas fritas, todo ello a pesar de no estar atado al improvisado sofá volador.

Las proezas de vuelo de Kaval no acaban ahí. También ha realizado acrobacias tan espectaculares como volar en parapente mientras duerme en una cama, jugar un juego de mesa con un amigo y tomar café con un entrevistador.

ÁRBOL DE BOTELLAS

Los habitantes de Chekka, Líbano, dedicaron 20 días a construir un árbol de Navidad de 8.7 m de altura con 129 000 botellas de agua de plástico. Tardaron ocho meses en recolectar todas las botellas necesarias para el árbol.

NUEVE LATAS

Shunichi Kanno de Japón es capaz de pegarse nueve latas de aluminio en la cara y la cabeza al mismo tiempo simplemente usando la succión de aire entre las latas y su piel. Dice que el secreto es arrugar la piel de la frente, presionar la lata firmemente y luego suavizar la arruga para reducir la presión de aire entre la lata y la piel, lo que permite una mejor succión.

FOTOGRAFÍAS CANDENTES

Noah Berger, un fotógrafo de San Francisco, California, EE. UU., ha tomado acercamientos de más de 100 incendios forestales desde una distancia de apenas medio metro de llamas de 27 m de altura. Una vez experimentó un aterrador tornado de fuego que aterrizó a poco más de 1 km de donde él estaba, impulsado por vientos impredecibles de 224 km/h.

VISITANTE DIARIO

Jeff Reitz de Huntington Beach, California, EE. UU., visitó el parque local de Disneylandia todos los días durante más de ocho años. Lo hizo durante 2995 días seguidos hasta que la pandemia del coronavirus obligó al parque a cerrar temporalmente en marzo de 2020.

ARTISTA MARCIAL

El experto en artes marciales paquistaní Irfan Mehsood realizó 70 saltos de tijera en un minuto mientras cargaba 36 kg. También completó 59 flexiones de brazos sobre los nudillos en un minuto mientras cargaba 27 kg e hizo 40 flexiones de brazos en un minuto con una pierna levantada mientras cargaba 36 kg.

JUNGLA URBANA

Joe Bagley tiene más de 1400 plantas de interior en macetas en su departamento de una habitación en Loughborough, Inglaterra, incluidos cactus, flores tropicales, helechos y enredaderas. Pasa varias horas al día poniéndoles fertilizante, regándolas y cuidándolas.

DESFILE DE LINTERNAS

成俊工業株式会社　㊇ 株式会社 武田建設　Oni no Sumika. 鬼の棲　山建運輸株式会社

En el festival japonés Nebuta desfilan carrozas con forma de linterna construidas con papel *washi* pintado y estructuras de malla que miden hasta 9 m de ancho por 5 m de alto.

Los lugareños dedican un año a la fabricación de las elaboradas carrozas. Los diseños representan figuras históricas y míticas del folclor chino y japonés. Algunos también representan actores de *kabuki* (teatro tradicional japonés) y hasta personajes de programas populares de televisión. Durante el evento, los lugareños empujan una veintena de carrozas por las calles, zigzagueando y dando giros para la multitud. Acompaña a cada carroza la música de tambores *taiko*, flautas y platillos de mano, junto con cientos de bailarines *haneto* en trajes tradicionales, lo que crea un espectáculo deslumbrante.

AMONTONADOS

El usuario de redes sociales conocido como "Menga" logró una increíble hazaña al apilar ¡1002 bloques de Jenga encima de un bloque vertical! Tardó menos de 40 minutos en completar esta extraña pero hermosa torre al revés. En el video que Menga subió a YouTube, los espectadores pueden ver que no usó pegamento ni agentes aglutinantes, ya que termina su obra dando un tirón a la pieza de abajo para un final espectacular: el derrumbe de toda la estructura.

¡1002 BLOQUES DE JENGA!

BEBEDORES DE TÉ

En las 12 novelas y 20 cuentos cortos en los que aparece la detective aficionada Miss Marple, de la pluma de la escritora inglesa Agatha Christie, los personajes beben 143 tazas de té.

COMPRA DE MASCOTA

Cuando comenzaba a actuar, Sylvester Stallone era tan pobre que vendió a su perro, un bullmastiff de nombre Butkus, por 40 USD a un extraño, afuera de un 7-Eleven. Cuando se hizo rico tras vender el guion de *Rocky*, esperó afuera de la misma tienda durante tres días a que apareciera el nuevo dueño y le compró al perro por 15 000 USD.

GENIO PARLANCHÍN

Robin Williams improvisó tanto durante las sesiones de grabación del genio en la película *Aladdin* de 1992, que los productores terminaron con 16 horas de material.

CUIDADO DENTAL

Charlotte Brontë gastó parte de las primeras ganancias de su novela *Jane Eyre*, de 1847, en arreglarse los dientes.

HONOR DE LA CIUDAD

El músico Usher vivió de joven en Chattanooga, Tennessee, EE. UU., y una calle ahí lleva su nombre: Usher Raymond Parkway.

DIETA DE TULIPANES

La actriz ganadora del Óscar Audrey Hepburn evitó morir de hambre durante la invasión alemana de los Países Bajos en la Segunda Guerra Mundial comiendo ortigas y bulbos de tulipanes.

NOVELA ÚNICA

El libro de 1877 *Azabache*, de la autora inglesa Anna Sewell, vendió más de 50 millones de ejemplares, pero fue su única novela.

AUGE DE RATAS

Después del éxito de la película animada *Ratatouille* de 2007, la venta de ratas como mascotas aumentó hasta en un 50 por ciento.

BESO PREHISTÓRICO

Dos imponentes brontosaurios, cada uno ubicado a un lado de una carretera cerca de la ciudad de Eren Hot (o Erlian) en China, parecen estar estirando sus largos cuellos para besarse.

Cada estatua mide 34 m de largo por 19 m de alto. Cuando se miden de la punta de una cola a la otra, la obra combinada alcanza los 80 m. El área, que ahora forma parte del desierto de Gobi, fue una vez un paraíso de dinosaurios, como lo demuestra la gran cantidad de fósiles encontrados en la región. En los alrededores de este monumento al amor de proporciones jurásicas, hay estatuas de dinosaurios más pequeños de todas formas y tamaños.

CASA PARA EL GATO

Cuando el poeta inglés Edward Lear se mudó a San Remo, Italia, en la década de 1870, le pidió a un arquitecto que construyera su nueva casa como una réplica de la anterior, para hacer que la transición fuera más sencilla para su amado gato sin cola, Foss.

DIBUJO MURAL

Usando marcadores negros, el artista chino Guo Feng creó un dibujo en blanco y negro de 1014 m de largo en un lienzo extendido a lo largo de la sección Simatai de la Gran Muralla China. Tardó más de dos meses, trabajando más de 10 horas al día, y a veces, comenzaba desde las cuatro de la mañana.

LANZAMIENTO DE JUEGOS

En 2019, los videojuegos *Pokémon Sword* y *Pokémon Shield* vendieron seis millones de unidades en todo el mundo durante el fin de semana de su lanzamiento: más de 1380 juegos por minuto.

DULCE INSPIRACIÓN

La canción "Con un poco de azúcar" de *Mary Poppins* se inspiró en una vacuna contra la polio. El hijo del compositor Robert Sherman, Jeffrey, llegó a casa un día hablando de la vacuna contra la polio que un doctor acababa de darle en la escuela en un terrón de azúcar, para que fuera más fácil de tomar.

ARTISTA JOVEN

Xeo Chu, un niño vietnamita de 12 años, hace pinturas abstractas y coloridas que se venden por más de 150 000 USD, y en 2019 realizó su primera exposición individual en Manhattan. Comenzó a pintar a los cuatro años y vendió su primer cuadro cuando apenas tenía seis años.

ESTUDIANTE ESTRELLA

H. G. Wells, que escribió la novela de ciencia ficción *La guerra de los mundos*, trabajó alguna vez como profesor de matemáticas en Henley House School en Londres, Inglaterra, donde uno de sus alumnos más brillantes fue A. A. Milne, el futuro autor de *Winnie the Pooh*.

FUERA DE LUGAR

Los terrenos del Castillo de Balmoral contienen un secreto fascinante. ¡La residencia escocesa de la familia real de Gran Bretaña tiene una pirámide oculta! Construida por órdenes de la reina Victoria, la estructura de inspiración egipcia es para conmemorar a su esposo y alma gemela, el príncipe Alberto, que murió a los 42 años, en 1861. Para llegar al monumento, los visitantes deben seguir un sendero en el bosque que rodea a la propiedad, lo que aumenta el misterio de la estructura oculta.

TO THE BELOVED MEMORY OF ALBERT, THE GREAT AND GOOD PRINCE CONSORT, ERECTED BY HIS BROKEN HEARTED WIDOW VICTORIA R 21ST AUGUST 1862

MEDIA ROTA

Según la leyenda, el pequeño pueblo de Black Ankle ("tobillo negro") en el condado de San Augustine, Texas, EE. UU., se llama así porque una mujer local le hizo sin querer un agujero a su media de seda negra a la altura del tobillo antes de un baile, y trató de ocultarlo pintándose con hollín.

TRABAJO PELIGROSO

Los pescadores locales se ganan la vida vadeando aguas infestadas de cocodrilos para atrapar peces a solo unos metros de la parte más alta de las poderosas Cataratas Victoria en África. Un paso en falso los enviaría en una caída de 107 m por la cascada hacia una muerte segura.

HENO ALTO

En Rishikesh, India, los aldeanos ponen los montones de heno en los árboles. Ubicada en las estribaciones del Himalaya, la región es uno de los lugares más húmedos del norte de la India, por lo que el suelo siempre está húmedo en los meses del monzón, y al atar el heno en los árboles logran que se mantenga seco.

La "Dream Mine" (mina de los sueños) cerca de Salem, Utah, EE. UU., fue excavada por primera vez por John Koyle en 1894 y tiene más de 7000 accionistas, pero aún no ha producido ni siquiera una pepita de oro.

RESPETO AL PAN

El pan se trata con tanto respeto en Azerbaiyán, que si alguien accidentalmente deja caer alguno al suelo, la costumbre es recogerlo y besarlo a modo de disculpa. Incluso cuando el pan se pone rancio, los azerbaiyanos no lo tiran así como así. Lo separan del resto de la basura y lo cuelgan en bolsas para demostrar su respeto.

QUESO VOLCÁNICO

El queso Saint-Nectaire de la región de Auvernia, en Francia, obtiene su sabor único no solo porque está hecho con leche de vacas que se alimentan en ricas pasturas volcánicas, sino también porque se almacena en sótanos excavados en la ceniza volcánica endurecida. Hace siete mil años, el área tenía volcanes activos que cubrieron el paisaje con lava.

FIDEOS DE PIRAÑA

Del 20 al 23 de septiembre de 2019, los clientes del Ninja Café & Bar en Tokio, Japón, degustaron los primeros fideos de piraña del mundo. Los clientes podían escoger un tazón de fideos con caldo de piraña, pero sin el pescado en sí, o podían pedir que les sirvieran una piraña entera frita encima, con dientes y todo.

DULCE TRADICIÓN

Cada año, los residentes de Bergen, Noruega, elaboran un paraíso invernal con casi media tonelada de _pepperkaker_ (pan de jengibre, literalmente, "panes de pimienta").

La tradición comenzó en 1991 y miles de voluntarios participan en la construcción de la metrópolis de deliciosas galletas conocida como Pepperkakebyen. Con el paso del tiempo, la exhibición se ha ampliado tanto en términos de tamaño como de complejidad. Por ejemplo, la construcción de 2019 consistió en 2000 edificios de pan de jengibre. Las estructuras incluían un estadio de futbol, trenes, barcos y coches, ¡con un peso total de 600 kg!

CLIMA EXTRAÑO

Es posible que haya escuchado la frase "está lloviendo a cántaros" para describir un aguacero, ¡pero estos fenómenos meteorológicos se pasan de extraños!

◀ 1 Lombrices misteriosas

En 2015, llovieron miles de lombrices sobre las montañas nevadas del sur de Noruega, desconcertando a los biólogos y meteorólogos locales.

2 Lluvia de chocolate

Después de una falla de ventilación en una fábrica de Lindt & Sprüngli en Olten, Suiza, los residentes del área recibieron una espolvoreada de cacao.

3 Lluvia de peces

En México se usan frases como *lluvia de peces* y *aguacero de pescado* para describir una precipitación pluvial con peces, un fenómeno atribuido a las trombas marinas.

4 Aguas rojas

En 2014 y 2015, los residentes de algunos pueblos en el noroeste de España notaron que el agua de las fuentes públicas se había vuelto de color rojo sangre después de una lluvia de algas microscópicas que producen un pigmento rojo.

5 Solo agregue café

En 1969, cayó del cielo crema no láctea sobre Chester, Carolina del Sur, EE. UU., como consecuencia de una falla en el sistema de extracción de una fábrica local.

6 Riquezas celestiales

Metales preciosos y joyas cayeron del cielo en Siberia en 2018, cuando un viejo avión que transportaba platino, diamantes y oro con un valor estimado de 368 millones de dólares dejó caer la carga durante el despegue.

7 ¡Aguas!

En 1969, a unos sorprendidos habitantes de Florida, EE. UU., les llovieron pelotas de golf, un suceso que los meteorólogos atribuyeron a un tornado en un campo de golf cercano.

8 Arañas voladoras

En 2015, millones de diminutas arañas cayeron de los cielos australianos: después de nacer, lanzaron sus hilos de seda para que se las llevara el aire y así dispersarse.

VOLCANES DE HIELO

Durante los gélidos meses de invierno cerca de las orillas del lago Michigan, EE. UU., ciertas condiciones pueden dar lugar a la formación de una escena inesperada: ¡volcanes de hielo en erupción!

A diferencia de sus contrapartes de lava abrasadora, estos volcanes no tienen nada que ver con la geología ni las placas tectónicas. La receta secreta es el frío extremo combinado con abundante agua. A medida que las temperaturas caen y la superficie del lago se congela, las olas debajo de la capa de hielo siguen empujando hacia arriba y crean "conos" en la superficie. Con el tiempo, estas olas erosionan la punta de cada cono, y el agua helada sale espectacularmente a borbotones.

PUENTE SIN AGUA

Cuando el nivel del agua del lago Poyang en China baja, emerge un tesoro oculto: un puente de la era Ming de 2930 m de largo llamado Qianyan. El puente, construido en granito hace casi 400 años, queda al descubierto durante la estación seca, cuando los niveles de agua son bajos. Por desgracia, una combinación de lluvias escasas y el impacto de la Presa de las Tres Gargantas ha secado el lago, haciendo que los niveles de agua bajen a tal grado, que amenazan la vida silvestre local.

PARQUE CINEMATOGRÁFICO

Leicester Square en Londres, Inglaterra, ¡está llena de estatuas de bronce de personajes famosos de películas!

La exhibición de arte de largo plazo titulada "Escenas en la plaza" celebra un siglo de cine; cada estatua representa una década diferente. Desde el dúo cómico clásico de El gordo y el flaco en *Libertad* de 1929, hasta *La Mujer Maravilla 1984* de 2020, los visitantes pueden conocer datos de personajes icónicos como Mary Poppins, Harry Potter e incluso el oso Paddington gracias al audio del recorrido. La plaza misma, que a menudo es escenario de extravagantes estrenos fílmicos, celebró su 350 aniversario en 2020.

TOC TOC

Por todo el edificio del Capitolio en EE. UU., hay puertas diminutas, de unos 76 cm de altura, ¡que se abren para revelar llaves de agua! En 1851, el edificio se incendió y se quemaron 35 000 libros de la Biblioteca del Congreso, incluidos algunos de la colección personal de Thomas Jefferson. Una investigación reveló que, de haber habido una fuente de agua cercana, el incendio podría haberse apagado rápidamente. Por eso, para prevenir futuros desastres, se instaló un sistema de tuberías para llevar agua del río Potomac al Capitolio. ¡Estas llaves de agua ocultas también ayudaron a los conserjes a mantener los pisos limpios!

CARNE DE MUSEO

El Museo Metropolitano de Arte de la ciudad de Nueva York exhibe una espaldilla de res de casi 3500 años de antigüedad, que se encontró en Luxor, Egipto.

LLUVIA VALIOSA

En Botswana, la palabra para lluvia, "pula", es también el nombre de su moneda nacional, porque en un país donde el 70 por ciento del territorio lo constituye el desierto del Kalahari, la lluvia es muy escasa y, por lo tanto, es un bien valioso.

CIUDAD COSTERA

Se puede estar parado en la costa de Inglaterra y en el centro de Londres al mismo tiempo. Esto se debe al flujo y reflujo del Mar del Norte por el río Támesis hasta Teddington Lock, 125 km al oeste del mar. Cualquier lugar a lo largo del río hasta ese punto, incluidos Westminster y el London Eye, puede revelar playas durante la marea baja.

TRAMPA PARA RATAS

La cripta de la Catedral de la Iglesia de Cristo en Dublín, Irlanda, tiene un gato momificado que persigue a un roedor momificado. Se cree que el gato persiguió a la rata hasta el interior de un tubo de órgano allá por 1850, y ambos quedaron atrapados.

POSTRE LIGERO

La empresa de diseño Bompas & Parr, de Londres, Inglaterra, se asoció con científicos alemanes para crear un postre comestible que pesara solo un gramo. El postre de merengue se hizo de aerogel, uno de los materiales sólidos más livianos del mundo, y era 96 por ciento aire.

PROTECTOR DE BIGOTE

¡Los hombres bigotones de la era victoriana usaban tazas de té especiales para proteger su bigote! Solían usar cera para peinar los bigotes, pero el calor del té podía hacer que se derritiera y que los bigotes bien acicalados quedaran "escurridos". Usaban una taza con una pequeña barrera que dejaba pasar el té, pero protegía el bigote.

MAX AL VOLANTE

Max, un labrador retriever negro, puso el coche de su dueño en reversa y lo condujo así en círculos durante casi una hora en un callejón sin salida en Port St. Lucie, Florida, EE. UU. El dueño se había bajado a pedir indicaciones y dejó el motor en marcha, pero Max saltó al asiento delantero y empujó la palanca de cambios. Esto puso el vehículo en reversa y, al mismo tiempo, activó los seguros de las puertas. El paseo de Max terminó cuando llegaron los policías y lograron ingresar el código para quitar el seguro de la puerta.

BOMBA DE POPÓ

Las orugas de la mariposa dorada de manchas blancas usan su presión arterial para bombear y lanzar sus gránulos fecales a más de 1.4 m de distancia de su nido, para que no atraigan a los depredadores.

GATÚBELA AL RESCATE

Gatúbela, una gata siamesa, salvó a Samuel León, de un año, de caer por unas empinadas escaleras en su casa de Bogotá, Colombia. Gatúbela había estado observando de cerca los movimientos de Samuel y, cuando el niño gateó hacia las escaleras, la gata saltó de su asiento, puso sus patas alrededor del cuerpo de Samuel y lo obligó a alejarse del peligro.

REUNIÓN FELIZ

Dutchess, la perrita fox terrier miniatura de Katheryn Strang, desapareció de su casa en Orlando, Florida, EE. UU., en 2007 y la encontraron 12 años después en Pittsburgh, Pensilvania, a más de 1600 km de distancia.

PERRO ÚNICO... RNIO

Cuando nació Rae, una golden retriever, sufrió una lesión que hizo que perdiera su oreja izquierda. Conforme creció, la oreja derecha migró a la parte superior de la cabeza, lo que la hace parecer un unicornio. Esto, además de su actitud despreocupada y su capacidad para superar los obstáculos, le ha ganado el amor y el apoyo de casi 200 000 seguidores en Instagram, y millones han visto sus videos de TikTok. ¡Ah! Y se llama Rae porque es "ear" (oreja) al revés en inglés.

TIBURONES HERIDOS

Terri Olah, una guía de buceo de Jupiter, Florida, EE. UU., les quita anzuelos de la boca a los tiburones, ¡sin necesidad de anestesia! La mayoría estaría de acuerdo en que el último lugar en el que uno quiere meter la mano en el océano es la boca de un tiburón, pero Terri no piensa igual. Cuando ve a uno de los enormes depredadores marinos con un anzuelo clavado en la mandíbula, lo agarra por la cola y lo gira para inmovilizarlo. Luego, con un par de alicates, le quita el anzuelo sin perder ningún dedo en el proceso.

MURCIÉLAGOS PROLÍFICOS

Hay más de 1200 especies de murciélagos, lo que significa que alrededor del 25 por ciento de todas las especies de mamíferos en la Tierra son murciélagos.

CACHORRO QUERIDO

Cuando se robaron a Jackson, un cachorro de pastor australiano con microchip, de una tienda de comida en San Francisco, California, EE. UU., Emilie Talermo no escatimó en gastos para recuperar a su perro. Abrió una cuenta de GoFundMe para ofrecer una recompensa de 7000 USD, diseñó muchos carteles de perro perdido e incluso pagó 1200 USD para que un avión mostrara una pancarta sobre la ciudad; cuatro meses después, le devolvieron a Jackson sano y salvo.

GALLINA AVENTURERA

Scrumper, una gallina aventurera de Fareham, Inglaterra, acompaña a su dueño, Eryk Rose, en paseos en kayak, caminatas por la cuerda floja y viajes en motocicleta. Incluso en casa, se posa con frecuencia sobre su hombro y también se acomoda sobre la aspiradora robot mientras limpia la casa.

CABEZA DE CUBO

Un joven canguro gris de Queensland, Australia, pasó al menos cinco meses con un balde atorado en la cabeza. El animal, al que apodaron "cabeza de cubo", metió la cabeza en el asa de una cubeta de plástico, tal vez en busca de comida, y se le quedó atorada. Los rescatistas intentaron sin éxito capturar al canguro, pero a pesar de la presencia del balde, todavía podía comer y beber.

PANDAS TÍMIDOS

Durante 10 años, el zoológico Ocean Park en Hong Kong intentó sin éxito animar a sus dos pandas gigantes, Ying Ying y Le Le, a aparearse, pero no fue sino hasta abril de 2020, con el zoológico cerrado y sin visitantes, que la pareja finalmente se apareó.

DOS CARAS

Duo, el gatito negro, nació con un cuerpo, pero tiene dos caras, dos narices, dos bocas y cuatro ojos debido a una rara afección craneofacial llamada *diprosopus*. Sus dos ojos centrales se fusionaron en un ojo grande, que fue extirpado quirúrgicamente por cuestiones de salud. El Dr. Ralph Tran, veterinario de San Diego, California, EE, UU., adoptó a Duo, que respira por ambas narices y come y maúlla con ambas bocas, a veces por separado y a veces simultáneamente. Algunos gatos Janus, como se les conoce, maúllan por una boca mientras comen al mismo tiempo con la otra.

MONO MUSICAL

Tal, un orangután del zoológico Chahinkapa, en Wahpeton, Dakota del Norte, EE. UU., ha tocado la flauta con un conjunto de música clásica, el New York Kammermusiker. Tal le sopla a la flauta mientras Addy Paul, la cuidadora del zoológico, tapa y destapa los agujeros.

GATO GENIAL

La apariencia de Jasper, un gato sin pelo y sin ojos, hacía que muchos voltearan a verlo, pero a pesar de todo, tuvo una buena vida.

Con más de 90 000 seguidores en Instagram, Jasper (también conocido como Jazzy) sigue siendo una inspiración en Internet. Vivía en Maine con su dueña Kelli, que lo recibió en 2009 como regalo de Navidad. En 2013, Jasper perdió un ojo debido al virus del herpes felino que progresó hasta convertirse en una úlcera corneal. Cinco años después, Jazzy perdió su segundo ojo por la misma enfermedad. A pesar de todo, disfrutó de una excelente calidad de vida junto con sus dos amigos felinos adoptados, hasta su muerte en noviembre de 2020.

Pieza de Ripley
Núm. cat. 173335

ARTE CON PÓLVORA

Esta obra de arte de Dino Tomic, de Noruega, creada para Ripley, se hizo poniendo con cuidado pólvora sobre una tabla de madera. Luego, la pólvora se encendió y la imagen quedó grabada en la madera.

Pieza de Ripley
Núm. cat. 173067

ESCUDO DE CAPARAZÓN

Este escudo está hecho con el caparazón de una tortuga terrestre gigante. Las astas de antílope sirven como asas y también se pueden usar como bayoneta.

Pieza de Ripley
Núm. cat. 174583

GRANADA DE MANO DE "FUEGO GRIEGO"

Granada de mano de cerámica bizantina del siglo VIII utilizada para esparcir el "fuego griego", una sustancia pegajosa y altamente inflamable. La fórmula se perdió en el tiempo y solo existen granadas vacías como estas.

LAGO ESQUELETO

En el lago Roopkund, conocido como el "lago esqueleto", en el Himalaya indio, hay hasta 500 esqueletos humanos. Fueron descubiertos en 1942 en este lago de 5000 m de altitud, cuando un guardabosques encontró cientos de esqueletos con carne hinchada todavía pegada a los huesos. Nadie sabe cómo llegaron allí los cuerpos, pero algunos estudios sugieren que perecieron en un desastre hace unos 1200 años.

MUSEO DE LA CRUDA

En diciembre de 2019, Rino Dubokovic, un estudiante de Zagreb, Croacia, inauguró el "Museum of Hangovers", con historias inusuales del día después de una borrachera y objetos relacionados con la experiencia. El objetivo del proyecto es crear conciencia entre los visitantes sobre los peligros del alcohol.

ULTRAMARATÓN

Big's Backyard Ultra en Bell Buckle, Tennessee, EE. UU., es una carrera de maratón en un circuito de 6.6 km donde se corre sin parar, día y noche, hasta que solo queda un competidor. La ganadora de 2019, Maggie Guterl, de Durango, Colorado, corrió durante 60 agotadoras horas (dos días y medio) y completó 400 km.

GINEBRA DE POPÓ

La ginebra Indlovu de Sudáfrica contiene una infusión de estiércol de elefante. Los creadores Les y Paula Ansley recolectan el estiércol ellos mismos. Antes de usarlo, se seca y se esteriliza, y cinco bolsas grandes de popó de elefante sirven hasta para 4000 botellas de ginebra. Los Ansley tuvieron la idea después de enterarse de que los elefantes comen mucha fruta y flores, pero digieren menos de un tercio de ellas.

CERVEZA DESPERDICIADA

Más de 160 000 pintas de cerveza Guinness se desperdician anualmente porque quedan atrapadas en los bigotes de los bebedores.

GRAN MEZQUITA

La Gran Mezquita de La Meca en Arabia Saudita puede albergar a más de 1.5 millones de personas a la vez. Durante el Hajj de 2019, cuando millones de fieles visitaban La Meca, la mezquita cerró sus puertas a las 9 a. m. para las oraciones del viernes porque estaba llena, a pesar de que las oraciones no comenzaban sino hasta las 12:30 p. m.

ISLA PERDIDA

La isla Bouvet, de Noruega, en el océano Atlántico Sur, se encuentra a 2250 km de la tierra habitada más cercana. Es tan remota, que después de ser descubierta en 1739, se volvió a perder otros 69 años.

CRUCES VIKINGOS

Para celebrar su herencia vikinga, la ciudad danesa de Aarhus reemplazó 17 figuras tradicionales de las luces de los semáforos en cruces peatonales con imágenes de guerreros vikingos con hachas y escudos.

ISLA SIN DESCUBRIR

Aunque Madagascar, a 400 km de la costa sureste de África, es la cuarta isla más grande del mundo, los seres humanos tardaron 300 000 años en descubrirla. Se cree que la isla se colonizó apenas alrededor del año 500 D.C., 300 milenios después de la aparición del *Homo sapiens* en la cercana África.

OLIMPIADAS HOTELERAS

En las Olimpiadas anuales de limpieza de Las Vegas en EE. UU., compiten equipos de trabajadores de hotel en eventos como carreras de hacer camas, carreras de pasar la aspiradora, relevo de trapeadores y lanzamiento de papel higiénico.

ALTA COSTURA

El 26 de enero de 2020 se llevó a cabo un desfile de modas a una altitud de 5340 m en el Himalaya. La pasarela de moda del Monte Everest se instaló en Kala Patthar, Nepal, cerca del campamento base del Everest e incluyó a modelos de todo el mundo que vestían ropa hecha con lana de yak.

MODA DE OTOÑO

Cuatro diseñadores de modas chinos crearon un *look* listo para la alfombra roja con 5888 hojas. Recolectaron las hojas en el área escénica de Shampoola en la provincia china de Guangdong. Su objetivo al confeccionar el deslumbrante vestido largo con cola fue crear conciencia de los problemas ambientales que enfrenta la región. ¡La moda ha avanzado mucho desde aquellas insignificantes hojitas de parra en el Jardín del Edén!

CARRERA EN EL BARRO

En el festival anual Paantu Punaha en la isla de Miyako en Okinawa, Japón, tres hombres cubiertos con enredaderas fangosas y máscaras embarran a los espectadores, los edificios y los coches con lodo negro para ahuyentar a los espíritus malignos y atraer la buena suerte.

El barro representa una forma de exorcismo, y los *paantu* cubiertos de follaje fangoso personifican a seres sobrenaturales. ¿Su objetivo? Llenar de barro todo y a todos. No es un festival para cualquiera; los espectadores deben llegar preparados para ensuciarse. En festivales pasados, algunos turistas, ofendidos porque los llenaron de barro, han atacado a los *paantu*. Para evitar el exceso de turismo y las confrontaciones no deseadas, los organizadores anuncian las fechas en el último minuto y los *paantu* reclutan asistentes para protegerlos.

LA MALDICIÓN DE LA MOMIA

Este monumento en la frontera entre Austria e Italia marca el lugar donde se encontró a Ötzi en 1991.

Una cantidad sorprendente de personas relacionadas con el hallazgo de la famosa momia Ötzi, el hombre de hielo, ha sufrido una muerte temprana, por lo que hay quienes creen que el cadáver está maldito.

Rainer Henn, el jefe del equipo forense que examinó el cadáver momificado de 5000 años de antigüedad, murió en un accidente automovilístico en 1992 cuando se dirigía a dar una conferencia sobre Ötzi, y esta fue solo una de las siete muertes prematuras relacionadas con el hombre de hielo. Poco después, Kurt Fritz, el alpinista que condujo a Henn hasta el cuerpo de Ötzi, murió en una avalancha (el único de su grupo). Unos meses después de la muerte de Fritz, la única persona que filmó el traslado de Ötzi de la montaña, el periodista austriaco Rainer Hoelzl, murió a los 47 años de un tumor cerebral.

Ötzi está tan bien conservado, que sus tatuajes se ven claramente, ¡a pesar de tener miles de años!

Erika y Helmut Simon descubrieron a Ötzi en una excursión. A Helmut lo encontraron muerto cerca del mismo lugar 13 años después.

Quizás la muerte más espeluznante de todas fue la de Helmut Simon, uno de los turistas alemanes que hallaron a Ötzi; también lo encontraron muerto, congelado, cerca del mismo lugar en 2004. Cayó de lo alto y murió durante una extraña tormenta de nieve. Una hora después del funeral de Simon, Dieter Warnecke, el jefe del equipo de rescate de montaña enviado a buscarlo, murió de un ataque al corazón.

Luego, el arqueólogo Konrad Spindler, que inspeccionó por primera vez el cadáver de Ötzi, murió por complicaciones de esclerosis múltiple en 2005. Y el biólogo californiano Tom Loy, que realizó el análisis de ADN en el cadáver de Ötzi y que casi había terminado de escribir un libro sobre él, murió repentinamente en 2005 a los 63 años.

Visto así, definitivamente parece que involucrarse con Ötzi podría causar una muerte prematura, pero la verdad es que es fácil crear patrones cuando se buscan. Muchos científicos, periodistas, fotógrafos y otras personas han estudiado a Ötzi y han vivido una vida plena.

ALCACHOFAS DE LA MAFIA

En 1935, el alcalde de la ciudad de Nueva York, Fiorello LaGuardia, atacó a la mafia prohibiendo las alcachofas. El crimen relacionado con las alcachofas se había generalizado en Estados Unidos, encabezado por el jefe del hampa nacido en Sicilia, Ciro Terranova, con secuestros, extorsión y asesinatos vinculados a la venta de la verdura. La indignación pública por no poder comprar alcachofas hizo que la prohibición de LaGuardia se levantara en cosa de una semana, pero las investigaciones pronto pusieron fin al negocio ilegal de Terranova.

TORTURA SÉPTICA

Una mujer del condado de Clackamas, Oregon, EE. UU., sobrevivió a pesar de haber quedado atrapada tres días en una fosa séptica de casi un metro de profundidad en su casa, tras caer ahí por accidente. Cuando la encontraron, tenía la cara apenas por encima las aguas negras.

SÍNDROME DEL ESTUDIANTE

El síndrome del interno es un padecimiento común entre los estudiantes de medicina, que temen que puedan tener la enfermedad misma que están estudiando.

DEDO MEÑIQUE

Cuando alguien pierde un dedo meñique, pierde más o menos la mitad de la fuerza en esa mano.

AGUJERO EN EL BOLSILLO

El profesor jubilado Peter Duffell ha pasado los últimos 50 años (y gastado una pequeña fortuna) coleccionando perforadoras de todo el mundo. Las piezas de su colección datan de principios del siglo XIX hasta la década de 1960. Sin embargo, cuando a instancias de su esposa decidió subastar su colección, quedó decepcionado. Aunque pagó más de 800 libras esterlinas por algunas piezas, la colección entera solo llegó a 200 libras en la subasta.

SUELO ESTADOUNIDENSE

George Washington juró una vez que nunca volvería a poner un pie en suelo inglés. Por lo tanto, en la década de 1920, cuando el estado de Virginia regaló una estatua de Washington al Reino Unido, agregaron un poco de tierra estadounidense para colocarla debajo del pedestal en Trafalgar Square, Londres, para honrar su deseo.

LA VOZ DE HOMERO

Homero Simpson es una de las voces de GPS más descargadas del mundo.

SIN LATIDOS

Mientras iba de excursión en España en 2019, en el helado clima de noviembre, una mujer británica, Audrey Mash, sobrevivió seis horas sin que latiera su corazón. Su cuerpo entró en hipotermia tan rápido, que sus órganos se conservaron hasta que los médicos de Barcelona la reanimaron.

ROBOT SUDOROSO

Investigadores de la Universidad Cornell en EE. UU. diseñaron un "músculo" robótico impreso en 3D que puede sudar como un ser humano. Cuando la temperatura sube, sale agua de refrigeración por los poros sintéticos de la mano robótica, haciendo que el robot "sude". Se espera que la técnica evite que los robots fallen debido al sobrecalentamiento.

PASTEL ISLA

La panadera autodidacta ucraniana Kristina Dolnyk hace pasteles que se ven como si fueran un trozo del océano. Una inteligente combinación de pastel, esculturas de chocolate y gelatina azul da como resultado un postre único que no solo se ve increíble, ¡sino que además es delicioso! Tarda hasta tres días creando sus pasteles hiperrealistas y dedica el resto de su tiempo a enseñar a otros a lograr efectos similares.

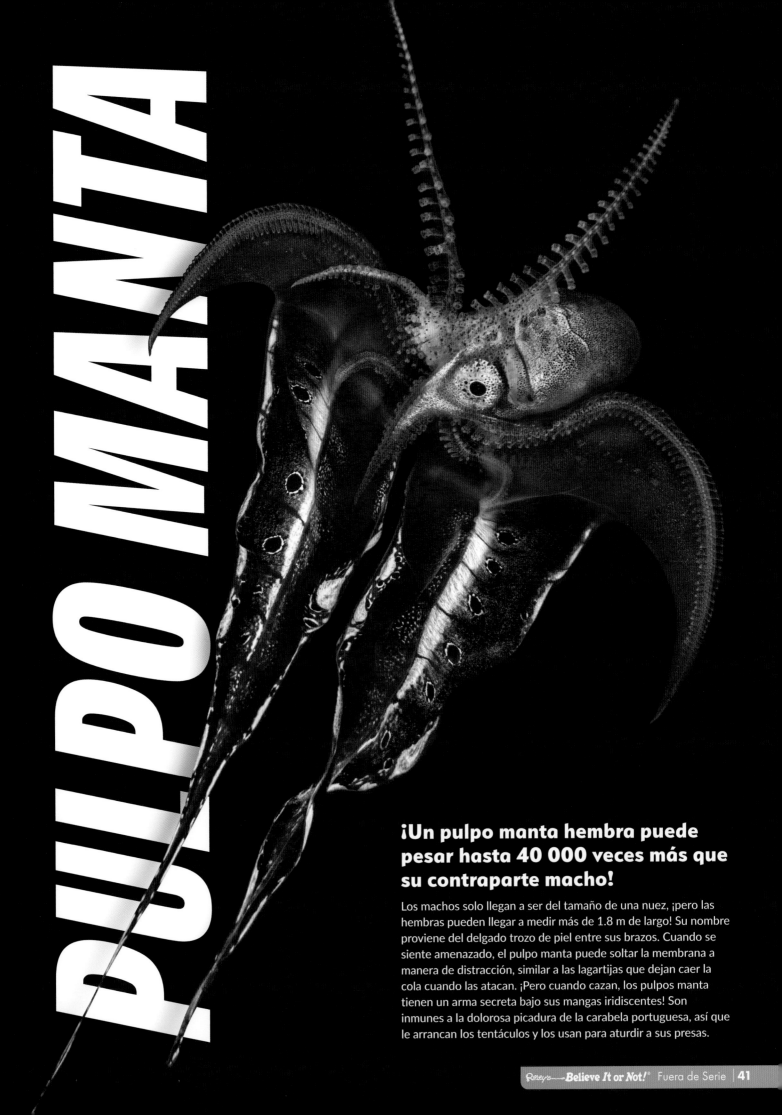

PULPO MANTA

¡Un pulpo manta hembra puede pesar hasta 40 000 veces más que su contraparte macho!

Los machos solo llegan a ser del tamaño de una nuez, ¡pero las hembras pueden llegar a medir más de 1.8 m de largo! Su nombre proviene del delgado trozo de piel entre sus brazos. Cuando se siente amenazado, el pulpo manta puede soltar la membrana a manera de distracción, similar a las lagartijas que dejan caer la cola cuando las atacan. ¡Pero cuando cazan, los pulpos manta tienen un arma secreta bajo sus mangas iridiscentes! Son inmunes a la dolorosa picadura de la carabela portuguesa, así que le arrancan los tentáculos y los usan para aturdir a sus presas.

HOJAS FUERTES

¡Estas hojas de lirio acuático son tan grandes que pueden soportar el peso de una persona!

Nativas de América del Sur, las hojas de lirio acuático gigante (*Victoria amazonica*) miden entre 1.2 y 1.8 m de diámetro. Una planta puede producir hasta 50 hojas en una sola temporada. Y las hojas no son la única parte impresionante de los lirios acuáticos gigantes: ¡sus flores también son especiales! Florecen solo dos noches: la primera noche, la flor es blanca y produce calor y olores para atraer a los escarabajos, que quedan atrapados dentro de la flor hasta la segunda noche, cuando la flor se abre con pétalos rosados y deja escapar a los escarabajos para que esparzan el polen de la planta.

COCIDO ANTIGUO

En 1984, a los invitados a una cena en la casa del paleontólogo Dale Guthrie, en Alaska, EE. UU., se les sirvió un estofado que contenía carne de un bisonte que vivió hace 50 000 años. Los restos del bisonte (al que llamaron Blue Babe) habían sido descubiertos cinco años antes, enterrados en el hielo cerca de Fairbanks, y estaban bien conservados a pesar de los siglos. Guthrie cortó una pequeña parte del cuello, la descongeló y la sirvió con verduras a sus ocho invitados.

AEROPUERTO OCUPADO

La remota ciudad canadiense de Gander en Terranova solía tener el aeropuerto más grande del mundo, con cuatro pistas. En las décadas de 1940 y 1950, antes de la era de los jets, los aviones paraban en Gander para cargar combustible en vuelos transatlánticos.

TRANVÍA DE CONVICTOS

El primer sistema de transporte de pasajeros por vías en Australia fue un tranvía de 8 km operado por prisioneros en la penitenciaría de Port Arthur, en Tasmania. El tranvía se inauguró en 1836 y tenía carros abiertos de cuatro ruedas que los convictos empujaban a mano sobre vías de madera.

VINO DE LA LLAVE

Una fuga en una bodega de vinos provocó que por las llaves de agua de las casas del pueblo italiano de Settecani comenzara a salir vino tinto el 4 de marzo de 2020. El vino se filtró de un silo a las tuberías de agua.

SOPA DEL SENADO

El restaurante del Senado de Estados Unidos ha servido sopa de frijoles todos los días, con la misma receta, desde hace más de 100 años, excepto el 14 de septiembre de 1943. Ese día, el racionamiento de la Segunda Guerra Mundial dejó la cocina del Senado sin suficientes frijoles blancos para hacer la sopa.

TRUCO PUBLICITARIO

La ciudad de Hot Springs, Nuevo México, EE. UU., cambió su nombre a Truth or Consequences en marzo de 1950 después de que Ralph Edwards, presentador del programa de radio *Truth or Consequences* anunciara que, en su décimo aniversario, transmitiría el programa desde la primera ciudad que cambiara su nombre al nombre del programa.

ISLA DIMINUTA

La isla Just Enough Room (apenas espacio suficiente) forma parte del archipiélago de las Mil Islas en el río St. Lawrence entre Estados Unidos y Canadá, y cubre un área de unos 306 m², lo que la convierte en la isla habitada más pequeña del mundo. Es propiedad de la familia Sizeland, que le cambió el nombre de Isla Hub, porque apenas tiene espacio para su casa, un par de árboles y una pequeña playa.

NOMBRE ADECUADO

Esta nota nos la envía Derek Beeman, un apicultor de tercera generación. En 1946, el abuelo de Derek, Henry, apareció en la viñeta de ¡Aunque Ud. no lo crea!, de Ripley, como el primer apicultor de la familia Beeman (el apellido significa "hombre-abeja"). Hoy, Derek continúa con entusiasmo la tradición familiar de producir miel en Millville, California, EE. UU.

MAR DE PIEDRA

En las montañas Poconos de Pensilvania, EE. UU., se encuentra una verdadera rareza: un campo de rocas de 7.3 hectáreas justo en medio de un bosque. Designado como monumento nacional en 1967, el campo de rocas de Hickory Run State Park tiene rocas que van desde 45 cm hasta más de 7.6 m de largo. La parte superior de las piedras está al mismo nivel. Una teoría dice que el campo rocoso se formó durante la última glaciación, hace entre 15 000 y 20 000 años, pero los mecanismos del proceso todavía se desconocen.

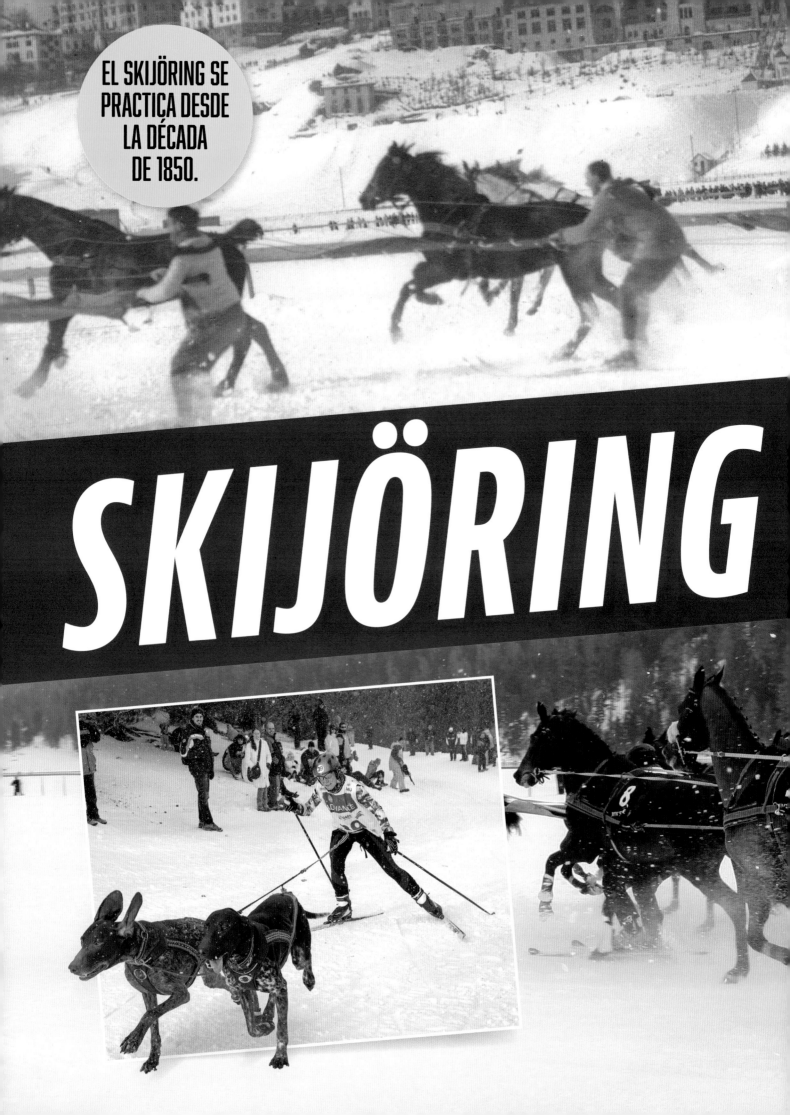

EL SKIJÖRING SE PRACTICA DESDE LA DÉCADA DE 1850.

SKIJÖRING

¡El skijöring es un deporte de invierno en el que se esquía tirado por perros o caballos!

El nombre proviene de la palabra noruega skikjøring, que significa "conducción de esquí". Si bien en ambas versiones del deporte un esquiador va sujeto a uno o más animales con la ayuda de un arnés, hay diferencias importantes. Cuando se trata de skijöring equino, el caballo hace la mayor parte del trabajo y también puede llevar un jinete. Las pistas de skijöring a caballo pueden incluir saltos, rampas y captura de anillos. Pero cuando se practica skijöring con un perro, el esquiador ayuda impulsándose con sus bastones, y las carreras son principalmente en senderos. Pueden participar en el skijöring perros de apenas 14 kg, siempre que estén debidamente entrenados.

CORTADA POR LA MITAD

La cantante inglesa Paloma Faith trabajó como asistente de la maga Miss Direction, y la cortaban por la mitad todas las noches. También levitaba y, a menudo, compartía una caja con un conejo vivo. Había trabajado también como fantasma en un parque temático.

DISFRAZ COMPLICADO

El disfraz de Duende Verde de Willem Dafoe en la película *Spider-Man* de 2002 tenía 580 piezas, y tardaba al menos media hora en ponérselo.

APUESTA DE FORTNITE

Los estudiantes de la Tippecanoe High School en Tipp City, Ohio, EE. UU., hicieron una apuesta con su profesor de química, Mike McCray, en la que si su desafío de Twitter recibía 6700 retuits, él aceptaría cambiar el examen final para incluir preguntas relacionadas con el videojuego *Fortnite*. Ganaron la apuesta, ya que su tuit fue retuiteado más de 30 000 veces.

AUTOR ERMITAÑO

Después del éxito de su primera novela, *El guardián entre el centeno*, J. D. Salinger pasó años viviendo como recluso en Cornish, New Hampshire, EE. UU., y su agente tenía órdenes de quemar todo el correo de los fans.

CAJA DE PINTURA

Apodado el "Picasso de preescolar", Mikail Akar, de siete años, de Colonia, Alemania, crea imágenes abstractas al golpear con pintura un lienzo con los guantes de boxeo de su padre. Comenzó a pintar a los cuatro años y sus obras se han vendido por más de 12 000 USD.

ARTE EN LA COCINA

Cristo burlado, una pintura perdida hacía mucho tiempo del artista italiano del siglo XIII Cimabue, se vendió en 26.6 millones de dólares en una subasta en octubre de 2019, unos meses después de que se encontró colgada sobre una parrilla en la cocina de una anciana francesa en Compiègne.

ESCUELA DEL TERROR

El Miskatonic Institute of Horror Studies ofrece cursos en Montreal, la ciudad de Nueva York, Los Ángeles y Londres, y enseña temas como zombis en películas de terror, horror en la realidad y terror.

ORQUESTA DESAPARECIDA

Interpretada por primera vez en 1772, la "Sinfonía de los adioses" del compositor austriaco Joseph Haydn requiere que todos los músicos abandonen el escenario uno por uno hasta que solo quedan dos violines tocando al final.

PIANO DE PAPEL

Cuando su familia no pudo comprarle un piano real, Andrew Garrido, de 11 años, de Londres, Inglaterra, creó su propio teclado de papel para practicar. Investigó las dimensiones de un teclado, dibujó las teclas en un papel y lo pegó a su escritorio. Lo ayudó a aprobar sus primeros cinco grados de piano con distinción, y ahora toca un piano real en salas de conciertos en Europa.

LICENCIA DE PILOTO

Morgan Freeman obtuvo su licencia de piloto a los 65 años. De joven, fue mecánico en la Fuerza Aérea de EE. UU. y había considerado entrenar como piloto de combate, pero lo dejó por su carrera de actor.

EL LLAMADO DE LOS '80

Si alguna vez sintió que nació en la década equivocada, ¡solo hay que ver la cabina telefónica de *La magnífica aventura de Bill y Ted*!

La icónica máquina del tiempo fue recreada con licencia oficial por el fabricante de cabinas telefónicas personalizadas Cubicall como homenaje a la película de 1989 *La magnífica aventura de Bill y Ted*. El diseño de producción limitada está adaptado para servicios de telefonía fija/VOIP e incluye una antena de viaje tipo paraguas, pero no se garantiza que pueda viajar en el tiempo.

CARPINTERÍA DE CARICATURA

Fantásticos y funcionales a partes iguales, los muebles de Henk Verhoeff parecen sacados de las páginas de un libro de cuentos.

El carpintero de Nueva Zelanda fabrica cajoneras desde hace más de 50 años y ha aplicado toda esa experiencia en estas cómodas distorsionadas. Algunas de sus piezas incluso incorporan iluminación para darles un brillo mágico. A pesar de su apariencia irregular, caótica e incluso "inservible", los clientes descubren, fascinados, que cada pieza única es completamente funcional.

CAÍDA DE SEIS PISOS

Winston, un bulldog francés de dos años, sobrevivió a una caída de seis pisos en un edificio de Manhattan, porque atravesó el techo corredizo de un coche estacionado. La propietaria, Emma Heinrich, llegó corriendo, temiendo lo peor, pero lo encontró sentado en el asiento del conductor, con heridas leves.

ELEFANTE INVITADO

Un elefante salvaje llamado Natta Kota es visitante habitual del Hotel Jetwing Yala en Sri Lanka, donde deambula por el vestíbulo investigando muebles y lámparas con la trompa. El complejo hotelero no cuenta con una cerca que lo separe de los terrenos circundantes, lo que significa que los animales salvajes pueden entrar libremente en el recinto.

PERRO RASTREADOR

Después de pelearse con su esposa, un hombre en Birmingham, Inglaterra, arrojó al camino su anillo de bodas, pero de inmediato se arrepintió y comenzó a buscar frenéticamente el anillo de oro entre la hierba alta al lado de la carretera, a las dos de la mañana. Ahí lo encontraron el oficial de policía Carl Woodall y su perro policía Odin y, en menos de dos minutos, el pastor alemán de seis años encontró el pequeño anillo.

ENJAMBRE EN LAS VEGAS

Después de una primavera húmeda, millones de saltamontes llegaron a Las Vegas en julio de 2019, atraídos por las brillantes luces. Los insectos cubrieron las aceras y las calles en un enjambre tan grande, que apareció en un radar meteorológico.

FOTO EN LA LATA

Monica Mathis, de St. Paul, Minnesota, EE. UU., se reunió con su perra Hazel gracias a una promoción de una empresa cervecera. Motorworks Brewing se asoció con el refugio de animales del condado de Manatee en Florida y puso fotos de perros del refugio en sus latas de cerveza para alentar la adopción, y Monica reconoció en una de ellas a su terrier cruzado que había perdido tres años antes. Aunque Hazel tenía un nombre diferente en la lata, Mathis pudo proporcionar fotos y registros del veterinario para demostrar que era su perra.

AVES CERVECERAS

La Real sociedad para la prevención de la crueldad contra los animales recibió decenas de llamadas sobre gaviotas en Bournemouth, Inglaterra, en el verano de 2018. Los pájaros estuvieron dando tumbos después de beber los desechos de las cervecerías locales.

CAÍDA DEL ACANTILADO

Archie, un terrier de cuatro años, sobrevivió ileso después de caer 30 m desde un acantilado en la Isla de Wight, Inglaterra, mientras perseguía a un pájaro. Aterrizó en una cornisa que era tan inaccesible desde tierra, que lo tuvieron que rescatar desde el mar, con un bote salvavidas.

ZOOLÓGICO HUMANO

Los roles se invierten en el santuario de conservación Glen Garriff en Harrismith, Sudáfrica, donde los visitantes están en jaulas y los leones deambulan libremente. Desde la seguridad de una cabina de acrílico, hasta dos personas a la vez pueden acercarse a los leones rescatados. Al igual que los gatos domésticos, a estos grandes felinos les encantan las cajas y las lamen, las frotan y hasta saltan encima de ellas. Los pequeños agujeros en la jaula permiten a los visitantes obtener imágenes nítidas de las majestuosas criaturas.

ÚLTIMA COMIDA

Una rana y una araña dejaron una escena espeluznante en la pared de la casa de Christine Watts en Myakka City, Florida, EE. UU. Cuatro patas peludas sobresalen de la boca del anfibio momificado, y las casi 75 000 personas que vieron la imagen en línea se preguntan qué fue lo que pasó. ¿La rana se atragantó con la araña? ¿Estaba ya muerta la rana cuando la araña decidió hacer su hogar dentro de la boca? ¿O fue algo más? Lo que haya sido, es un misterio, pero Christine confirma que ambas criaturas estaban muertas cuando las encontró. ¡Y conservó las momias!

VUELO RIZADO

¡La paloma rizada parece que acaba de hacerse una permanente en el salón de belleza!

Tiene plumas rizadas en las alas y patas, pero el resto de sus plumas tienen un ondulado característico. La raza es popular en los concursos de belleza de palomas (sí, leyó bien) y su comportamiento apacible las convierte en una buena mascota. Y aunque Ud. no lo crea, estas aves no tienen problemas para volar.

¡A JUGAR!

Si bien los videojuegos se consideraban antes como un interés de un cierto nicho de mercado, su popularidad ha aumentado en todo el mundo y ahora los disfrutan personas de todos los ámbitos de la vida. Desde joysticks hasta *goggles* de realidad virtual, estos son algunos datos extraños de la historia de los videojuegos.

1 Éxito virtual
Aerosmith ha ganado más dinero con el videojuego *Guitar Hero* que con cualquiera de sus álbumes.

2 Cómo ganar
A fines de 1985, el libro más vendido en Japón fue una guía de estrategia sobre cómo ganar en el juego *Super Mario Bros.*

3 Entre las estrellas
Tetris fue el primer videojuego que se jugó en el espacio.

5 Huele el juego
Los juegos de PlayStation *FIFA 2001* y *Gran Turismo 2* tenían discos para raspar y oler que olían a una cancha de futbol y a llantas de coche, respectivamente.

6 D de dinero
¡*Grand Theft Auto V* ha ganado más dinero que cualquier película que se haya filmado!

4 En sus comienzos
Nintendo originalmente vendía naipes.

7 En control
El control de la PlayStation 1 que se vendió en EE. UU. era un 10 % más grande que el japonés, para adaptarse a las manos más grandes de los estadounidenses.

JAQUE MATE DE TRIPULANTE

¡Jessica Zhang de Orange, California, EE. UU., creó este juego de ajedrez temático de *Among Us*!

Usando arcilla polimérica y pintura, Zhang transformó los avatares bidimensionales del popular videojuego en piezas de ajedrez tridimensionales. Gracias a los diferentes colores y sombreros graciosos, pudo diferenciar la reina, el rey, las torres, los alfiles y los caballos. Los peones son recreaciones perfectas de los cadáveres del juego. Y así como un juego de ajedrez normal usa dos colores, las piezas se pueden diferenciar por el color de sus bases.

Estación de juegos

El 17 de noviembre de 2020, los viajeros del metro de Londres se sorprendieron al ver que los letreros de las paradas se habían convertido en los botones clásicos del control de una PlayStation. El cambio se produjo en las entradas de la estación Oxford Circus, donde el clásico símbolo del círculo rojo del metro se cambió por X azules, cuadros rosas y triángulos verdes. El divertido cambio fue organizado por Sony para promover el lanzamiento de la PlayStation 5.

Pieza de Ripley
Núm. cat. 168338

JACK NICHOLSON TALLADO EN LIBRO

El artista Alex Queral de Filadelfia, Pensilvania, EE. UU., ¡talla retratos en directorios telefónicos! Hay varios en la colección de Ripley, como este del actor Jack Nicholson, famoso por su interpretación de Jack Torrance en la adaptación de 1980 de *El resplandor* de Stephen King, entre otros papeles.

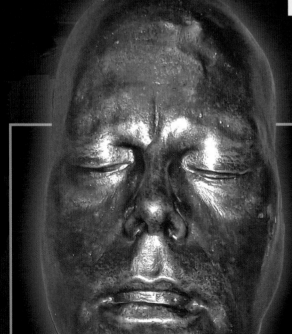

Pieza de Ripley
Núm. cat. 165965

MÁSCARA EN VIDA DE STEPHEN KING

Vaciado de la cara de Stephen King. El maestro indiscutible del horror ha publicado más de 60 novelas y cientos de cuentos. Gran parte de su trabajo se ha adaptado para películas y series de televisión como *Carrie*, *Eso*, *Cementerio de mascotas* y muchas más.

Pieza de Ripley
Núm. cat. 165965

RETRATO DE HUMO DE EDGAR ALLAN POE

Daniel Diehl de Charleston, Carolina del Sur, EE. UU., creó esta imagen del poeta y escritor del siglo XIX Edgar Allan Poe pasando su lienzo por el humo de una vela. La serie "In a Puff of Smoke" (desvanecidos como humo en el aire) de Diehl celebra figuras históricas que murieron jóvenes.

EDGAR ALLAN POE

Believe It or Not! BIO

Edgar Allan Poe es un nombre que evoca sueños de lo terrible, imágenes de cementerios y muerte, cuervos y mansiones espeluznantes...

Aunque una parte de su historia está envuelta en misterio y teñida de tragedia, en realidad la vida de Poe fue tan mundana como macabra. En honor al malogrado escritor estadounidense, estos son algunos datos extraños sobre Poe que no se suelen mencionar.

Cuervos deportistas

Poe vivió muchos años en Baltimore, Maryland, y también lo sepultaron ahí. En 1996, cuando el nuevo equipo de futbol americano profesional de la ciudad necesitaba un nombre, se pidió a los aficionados que opinaran sobre esta gran decisión. Las encuestas indicaron que dos tercios de las más de 33 000 personas que votaron optaron por nombrar al equipo Baltimore Ravens (los cuervos de Baltimore), en honor al poema más famoso de Poe.

Pago miserable

Muchas personas ven a Edgar Allan Poe como el escritor pobre por excelencia, y no están muy equivocados. Realmente no ganó mucho con sus obras. Le dieron 9 USD por "El cuervo" y poco más de 50 USD por "Los crímenes de la calle Morgue". Para complementar sus ingresos, escribió para el *Southern Literary Messenger* y fue un crítico bastante temible en su época. Sin embargo, el libro más vendido de Poe durante su vida fue *The Conchologist's First Book*, ¡un libro de texto sobre conchas marinas!

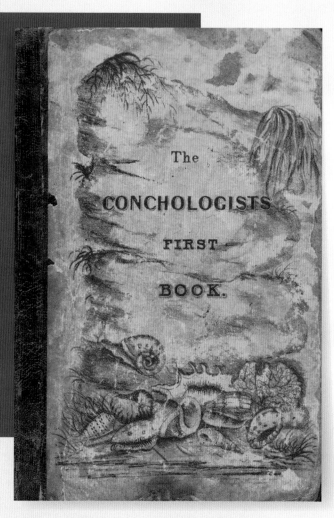

The CONCHOLOGISTS FIRST BOOK.

Identidad misteriosa

Publicado en 1842, "La máscara de la muerte roja" es uno de los cuentos más famosos de Poe. Se trata de un príncipe que organiza un baile de máscaras para los ricos y la élite, mientras sus súbditos enfrentan una enfermedad mortal fuera de sus muros. Al final, la enfermedad misma aparece en la mascarada y acaba con todos los que estaban ahí. Algunos estudiosos creen que el autor se inspiró en la tuberculosis, que acabó con la vida de la esposa, la madre, el hermano y la madre adoptiva de Poe. Otros dicen que la plaga pretendía reflejar la epidemia de cólera que presenció en Baltimore. Sea como fuere, el propio Poe expresó que no le gustaba la literatura que buscaba instruir u ofrecer una moraleja, lo que nos dificulta determinar qué intentaba decir con el cuento, si es que intentaba decir algo.

Dijo el loro

"El cuervo" se considera con frecuencia la obra más conocida de Poe. Sin embargo, el poema podría no haber sido tan popular si Poe hubiera optado por su idea original: un loro. En su ensayo de 1846 "La filosofía de la composición", Poe escribió: "como es lógico, lo primero que pensé fue un loro" para el profético pájaro espectral, pero al autor comenzó a preocuparle que la naturaleza animada de la criatura no se alineara con el tono de la pieza. Por lo tanto, "fue reemplazado al punto por un cuervo, que también está dotado de palabra y además resulta infinitamente más acorde con el tono deseado en el poema".

Encerrado

El 3 de octubre de 1849, encontraron a Poe en la calle, vociferando palabras sin sentido y vestido con la ropa de otra persona. Murió unos días después, y aunque la embriaguez podría explicar el extraño comportamiento, el médico que atendió a Poe dijo que "no tenía el más mínimo olor a licor ni en su aliento ni en su persona". Rabia, convulsiones y un tumor cerebral se han sugerido como posibles causas de su muerte.

Otra posible explicación es una forma de fraude electoral popular en la época. Secuestraban y drogaban a las personas y a menudo las vestían con ropa diferente y luego las obligaban a votar muchas veces por un candidato en particular. De cualquier modo, nunca se tuvo una prueba concluyente sobre la causa de la muerte de Poe.

Tumba sin lápida

Los primeros 26 años después de su muerte, Poe estuvo enterrado en el cementerio Westminster Hall and Burying Ground de Baltimore, sin una lápida. No fue solo por sus problemas financieros, como muchos creen, sino que la lápida que le hicieron fue destruida en un extraño accidente: un tren descarriló y la hizo añicos. En 1875, lo enterraron de nuevo y le pusieron un monumento adecuado en honor a sus contribuciones literarias.

PROBLEMA MORADO

El color amatista de la Laguna Cerro, en Limpio, Paraguay, esconde un secreto mortífero: una contaminación letal. Los residentes notaron el cambio de color de la laguna a mediados de 2020 después de que se terminaron de construir un terraplén y una carretera que dividían en dos la vía fluvial. Un lado tiene un aspecto "normal". El otro se ve cada vez más de color ciruela, es maloliente y está lleno de moscas atraídas por la mortandad masiva de peces y garzas. ¿Qué provoca estas aguas amoratadas? La contaminación por cromo de una fábrica de curtido de cueros cercana.

COMIDA DE AVIÓN

La aerolínea de bajo costo AirAsia tiene una cadena de restaurantes en tierra que venden comida de avión en cajas de cartón. El primero, Santan, se abrió en un centro comercial en Kuala Lumpur, Malasia, y los platillos de avión en su menú cuestan unos 3 USD cada uno.

MONTAÑA DE PLANTAS

La ruta estatal 240 cerca de West Richland, Washington, EE. UU., se cerró durante 10 horas el día de Año Nuevo de 2020 cuando varios automóviles quedaron atrapados bajo montones de plantas rodadoras de hasta 9 m de altura.

LETRAS ALEATORIAS

La ciudad de Ixonia, Wisconsin, EE. UU., obtuvo su nombre en 1846 al sacarse letras al azar de un sombrero hasta formar una palabra. Las letras del alfabeto se escribieron en tiras de papel y una niñita, llamada Mary Piper, las sacó de una bolsa.

SALSA DE FRIJOL

Para el Super Tazón LIV en 2020, Bush's Beans hizo una salsa de frijol de 70 capas que pesaba 493 kg. Se requirieron 19 personas y alrededor de 227 horas para crear el enorme bocadillo, que tenía 10 variedades de salsa en siete capas cada una.

FATBERG MONSTRUOSO

En una alcantarilla de Sidmouth, Devon, Inglaterra, se encontró un *fatberg* que medía 64 m de largo, más grande que la Torre Inclinada de Pisa. Además de desechos y grasa, el *fatberg* gigante contenía un par de dientes postizos.

BRUJA MALVADA

En Navidad en la región de Baviera, en Alemania, a los niños los visita tradicionalmente una bruja llamada Perchta para ver si se portaron bien o mal durante el año. La leyenda dice que si se portaron mal, la bruja los destripa y llena sus cuerpos con paja y piedras.

TRABAJO LARGO

Se espera que se necesiten 13 años para pintar el puente Øresund de casi 8 km de largo, que une Dinamarca y Suecia.

TREN DE LOS NIÑOS

El Tren de los Niños, que recorre una distancia de unos 11 km cerca de Budapest, Hungría, es una línea turística manejada casi en su totalidad por niños. Solo el conductor y algunos supervisores son adultos. El resto del personal son niños de entre 10 y 14 años que deben sacar buenas calificaciones y aprobar exámenes ferroviarios para participar.

¡Cada año, los hermanos Bartz de Minnesota en EE. UU. esculpen un animal enorme usando cientos de miles de kilos de nieve!

Austin, Trevor y Connor Bartz comenzaron a esculpir obras en la nieve en 2012. La obra que más los enorgullece es "La ballena Walvis", que requirió 118 000 kg de nieve y 600 horas para completarse. Walvis invitaba a los lugareños a tomarse selfis y fotos, y hasta tenía efectos especiales como vapor azul que salía de su espiráculo. Los hermanos pedían a los visitantes un donativo de 25 USD; las ganancias se destinaron a ayudar a llevar agua potable a personas en Uganda y Níger.

PÚBLICO SILENCIOSO

**El 22 de junio de 202
el Gran Teatre del Lic
de Barcelona, Españ
realizó un concierto
para 2292 plantas.**

El espectáculo fue en honor a los
profesionales de la salud que trabajaro
durante la crisis de COVID-19, y una fo
de dar inicio a la temporada 2020-2021
teatro. La vegetación fue agasajada cor
interpretación de un cuarteto de cuerda
"Crisantemi" de Puccini, una pieza de fi
del siglo XIX inspirada en los crisantem
Después del concierto, las plantas se
obsequiaron a trabajadores de la salud.

TOLDO ARDIENTE

El temerario Kyle Marquart fue noticia cuando incineró deliberadamente su paracaídas con una pistola de bengalas a 2134 m. En esta acrobacia llamada "toldo ardiente", Marquart utilizó un "repuesto del repuesto" para sobrevivir al desastre que él mismo creó. En otras palabras, empacó tres paracaídas para esta acrobacia sobre Austin, Texas, EE. UU., confiando en los últimos dos una vez que quemó su paracaídas inicial.

DÍAS DIFERENTES

La isla rusa Diómedes Mayor y la isla Diómedes Menor de Alaska en el estrecho de Bering están separadas por solo 3.8 km, pero debido a que entre ellas pasa la línea internacional de cambio de fecha, también están separadas por 21 horas. Técnicamente, desde Diómedes Menor es posible ver el día siguiente en Diómedes Mayor.

VIAJE CORTO

Cada año, los turistas gastan alrededor de 105 000 GBP en viajes por el metro de Londres entre Covent Garden y Leicester Square, a pesar de que las dos estaciones están a menos de 280 m de distancia. El viaje en metro dura solo 45 segundos.

LUCES DIFERENTES

Aunque Berlín, Alemania, se unificó después de la caída del Muro de Berlín en 1989, desde el espacio todavía es posible distinguir los lados este y oeste de la ciudad porque las luces de las calles en el este todavía usan sodio amarillo, pero en el oeste son blancas.

LLUVIA DE DIAMANTES

En Saturno llueven diamantes. Las tormentas eléctricas convierten el metano gaseoso de la atmósfera del planeta en hollín (carbón), que se endurece hasta convertirse en grafito y luego en diamantes a medida que cae. Se calcula que cada año se crean en Saturno unas 1100 toneladas de diamantes, cada uno de aproximadamente 1 cm de diámetro.

TORRE DE CRÁNEOS

Una torre en Niš, Serbia, exhibe alrededor de 50 cráneos humanos. Se construyó después de una guerra entre serbios y otomanos a principios del siglo XIX, cuando se ordenó que las cabezas de los rebeldes serbios derrotados fueran desolladas, disecadas y enviadas al sultán otomano, Mahmud II. Luego, el sultán ordenó que devolvieran los cráneos a Niš para construir una torre y exhibirlos como advertencia para futuros rebeldes. Cuando se terminó, la Torre de las Calaveras medía 4.6 m de altura y tenía 952 calaveras incrustadas en los costados. Con el paso del tiempo, muchas han sido retiradas por familiares de los fallecidos o por cazadores de recuerdos.

RELACIONES INTERNACIONALES

La frontera entre Francia y Suiza atraviesa la cama de la suite de luna de miel del Hotel Arbez en los pueblos de La Cure, Francia, y Les Rousses, Suiza.

CURA DE PEPINO

En lugar de poner sal en las carreteras en invierno para evitar la formación de hielo, las autoridades de la región alemana de Baviera han experimentado con el uso de sobrantes de jugo de encurtido de pepino.

CORRIDAS EN TOBOGÁN

Unos carritos de mimbre servían como transporte público tipo tobogán desde lo alto de un monte en Funchal, Madeira, Portugal, a mediados del siglo XIX, y todavía se ofrecen recorridos que dejan los pelos de punta.

El "carro de cesto" desciende a toda velocidad con su carga de aterrorizados pero fascinados turistas desde la Iglesia de Nossa Senhora do Monte por un camino sinuoso hasta el suburbio de Livramento. Dos "carreiros" vestidos de blanco con sombreros de paja y zapatos con suela de goma dirigen y detienen el trineo callejero. El carrito en sí es una gran cesta de mimbre con dos patines de madera envueltos en trapos engrasados. En el viaje de 10 minutos y 2 km se alcanzan velocidades de casi 50 km/h. ¡Es cuando uno se alegra de haber comprado un seguro de viaje!

ALPINISTA CIEGO

Jesse Dufton, de Leicestershire, Inglaterra, lideró un equipo de alpinistas en la desafiante roca vertical de 137 m de altura conocida como Old Man of Hoy en las Islas Orkney, Escocia, a pesar de que es ciego.

CADA DETALLE

Morris Villarroel, científico español de la Universidad Politécnica de Madrid, ha escrito todo lo que ha hecho desde 2010. Lleva un registro detallado de cada aspecto de su vida, sin importar cuán mundano sea, y toma notas cada 15 a 30 minutos durante el día. Sus vivencias, que incluyen los lugares en los que ha estado y las personas que ha conocido, llenan más de 300 cuadernos.

HERMANOS PARACAIDISTAS

En 2019, Elliot Shimmin del Reino Unido completó 19 piruetas en un solo salto en paracaídas sobre Lake Elsinore, California, EE. UU. Dos años antes, su hermano menor, Harry, había hecho 19 piruetas hacia atrás en un salto en paracaídas sobre Cambridgeshire, Inglaterra, antes de desplegar su paracaídas.

CASA DE FIDEOS

El Sr. Zhang, de la provincia de Jilin, China, pasó cuatro días construyendo una casita de juegos para su hijo con 2000 paquetes de fideos instantáneos vencidos y pegamento. La casita de fideos mide unos 4 m² y es lo bastante grande para que quepa una cama, ventanas ¡y hasta algunas obras de arte!

CADA CALLE

El programador de computadoras Davis Vilums pasó cinco años pedaleando por todas las calles del centro de Londres. Se mudó a Inglaterra desde su Letonia natal en 2012 y completó la mayor parte del desafío de camino a su trabajo; seguía su progreso con un GPS y marcó sus rutas en mapas A-Z de la capital.

CIBORG DE LA VIDA REAL

Ben Workman, de Springville, Utah, EE. UU., tiene cuatro chips de computadora incrustados en las manos que le permiten realizar diferentes funciones: abrir y cerrar con llave su coche, abrir puertas en su trabajo, iniciar sesión en su computadora y compartir información de contacto, simplemente pasando la mano cerca. También tiene un imán implantado debajo de la piel en la mano izquierda para poder hacer trucos y divertir a sus amigos.

MILLÓN DE MILLAS

Russ Mantle, de 82 años, de Surrey, Inglaterra, ha recorrido en bicicleta un millón de millas (1.6 millones de kilómetros), el equivalente de darle 40 vueltas al ecuador. Tiene registros detallados de cada paseo en bicicleta que ha dado desde la década de 1950.

Los estudiantes de la Bullock Creek High School en Midland, Michigan, EE. UU., dedicaron 16 horas a construir una pirámide de 5 m de altura con 27 434 rollos de papel higiénico.

LA DAMA DE ROJO

Durante 50 años, casi todas las posesiones de Zorica Rebernik han sido de un tono de rojo, desde su casa en Breze, Bosnia, hasta su cabello, ropa, utensilios de cocina y muebles.

La obsesión comenzó cuando tenía unos 18 años: sintió un "impulso repentino y fuerte de vestirse de rojo". Zorica dice que el tono vibrante la hace sentir fuerte y poderosa. Usa electrodomésticos de cocina rojos, se casó en un vestido rojo ¡e incluso tiene una lápida hecha con granito rojo, para cuando muera!

DEDOS DE MÁS

Kumar Nayak de Ganjam, India, nació con 20 dedos en los pies y 12 en las manos, una anomalía conocida como polidactilia. Es relativamente común, pero por lo general resulta en un solo dígito adicional, lo que hace que el caso de Kumar sea muy raro.

CARA HUMANA

En enero de 2020, nació en Rajastán, India, una cabra única en su tipo, propiedad de Mukeshji Prajapap: tenía la cara plana, parecida a la de un humano, lo que hizo que los aldeanos adoraran al animal como una figura divina. La cabra nació con un raro defecto congénito llamado *ciclopía*, que afecta los genes que crean las características faciales.

HÁBITAT DE FÁBRICA

El raro pez luna pigmeo ha sido declarado extinto dos veces, pero aún puede encontrarse cerca de una enorme fábrica de coches en Huntsville, Alabama, EE. UU., uno de los dos únicos lugares del mundo donde todavía vive.

SE VOLVIÓ BLANCO

El pelaje negro de Blaze, un perro labrador de 10 años de Finlandia, se volvió blanco en el transcurso de un año debido al vitiligo, una afección de la piel que provoca la pérdida de la pigmentación natural. Comenzó con una pequeña mancha blanca en la oreja, pero pronto se extendió a la cara y el torso.

HOGAR, DULCE VOLCÁN

Los lobos marinos de Alaska suelen ir a aparearse a la isla Bogoslof, al norte de las Islas Aleutianas, a pesar de que es la cima de un volcán submarino activo que libera vapor caliente y gases, y tiene géiseres que lanzan lodo hirviente hasta 5 m en el aire.

FANFEED

REGAZO DE LUJO

Rebecca y Alex May de Londres, Inglaterra, compartieron con nosotros ¡un regazo falso que hicieron para su gato! A Ziggy le encanta acurrucarse con sus humanos y hace todo lo posible por estar cerca de ellos; incluso se sienta en sus hombros o maúlla con fuerza hasta que le hacen caso. Rebecca y Alex estaban felices de que su gato se sintiera cómodo con ellos, pero estaba comenzando a interferir con sus trabajos, porque trabajaban desde casa. Entonces, Alex rellenó un par de sus pantalones con la cubierta de un edredón, una toalla y una almohadilla térmica y, ¡sorpresa! ¡A Ziggy le encantó! Ahora, si alguna vez necesitan espacio personal, solo vuelven a armar el regazo sustituto.

DECORADOR ROMÁNTICO

El pergolero satinado macho lleva la construcción de una relación romántica al siguiente nivel: crea y decora una pérgola para atraer a las hembras. Levanta dos paredes paralelas de palitos pegados con saliva y materia vegetal masticada para crear estos lugares de cortejo. Para darle ambiente, decora sus pérgolas con objetos de color azul brillante, como pinzas de ropa, tapas de botella y plumas de loro.

PAPITO QUERIDO

Aunque Ud. no lo crea, ¡los caballitos de mar machos dan a luz a sus crías!

En la mayoría de las especies, es la hembra la que se encarga de llevar en su interior a las crías, pero no es lo que pasa con los caballitos de mar ni con sus parientes cercanos, los peces pipa y los dragones de mar. En estas especies, la hembra deposita sus huevos en la bolsa de cría del macho, donde se fertilizan y se convierten en versiones en miniatura de sus padres. Cuando los bebés están listos para nacer, el macho abre la bolsa de cría y una serie de contracciones obliga a las crías a salir. ¡Algunos caballitos de mar dan a luz a más de 1000 bebés al mismo tiempo!

HABILIDADES SECRETAS DE CELEBRIDADES

Estos nombres de la pantalla grande son famosos, ¡pero sus habilidades van más allá de la actuación! Eche un vistazo a las sorprendentes habilidades de estas celebridades.

1 Mark Ruffalo

Cuando Mark Ruffalo no está ocupado interpretando el papel de Hulk en los Vengadores, sobresale en una actividad circense clásica: andar en monociclo.

2 Chloë Grace Moretz

La actriz estadounidense Chloë Grace Moretz no es ajena al manejo de cuchillos y ha practicado defensa personal con un cuchillo de abanico desde la tierna edad de 11 años.

3 Patrick Dempsey

Conocemos a Patrick Dempsey como el "McDreamy" de *Anatomía según Grey*, pero tiene una pasión de la que tal vez nunca haya oído hablar: piloto de autos de carreras.

5 Conan O'Brien

Cuando no está ocupado entreteniendo a los fans de los programas de entrevistas nocturnos, Conan O'Brien se luce bailando tap.

4 Margot Robbie

Margot Robbie, la chica mala favorita de todos, ha incursionado en el mundo de los tatuajes y ha puesto casi 100, incluido uno a su compañera de la película *Escuadrón suicida*, Cara Delevingne.

6 Jennifer Garner

La estrella de Hollywood Jennifer Garner puede tocar el saxofón al estilo de Lisa Simpson, y también es un prodigio tocando las cucharas y bailando *clog*.

7 Steve Martin

Si Jennifer Garner necesitara a un compañero de banda, podría llamar a Steve Martin, que toca el banjo con estilo y se presenta en *tours* con su grupo, The Steep Canyon Rangers.

8 Neil Patrick Harris

Neil Patrick Harris, conocido por sus papeles televisivos como el astuto Conde Olaf en *Una serie de catastróficas desdichas* de Netflix, también es un mago galardonado.

DELGADO COMO CABELLO

El microartista Graham Short de Birmingham, Inglaterra, grabó un retrato minúsculo en un disco de oro colocado dentro de un pelo de perro ahuecado.

Short recreó la imagen del artista inglés del siglo XIX J. M. W. Turner, que aparece en el billete de 20 libras. Con un microscopio de 400 aumentos, pasó 75 horas usando agujas ultrafinas para crear la imagen dentro de un pelo de perro pastor de 0.1 mm de grosor. Para mantener la mano firme, tomó medicamentos para reducir su frecuencia cardíaca a unos 25 latidos por minuto, y trabajó entre latidos. ¡La imagen es tan pequeña, que es invisible a simple vista!

EL MEJOR PLÁTANO

Una obra de arte del italiano Maurizio Cattelan, que consiste en un plátano común pegado con cinta adhesiva a una pared. se vendió por 120 000 USD en Florida, EE. UU., en 2019. Para mantener la obra, el plátano debe reemplazarse cada pocos días, pero tuvo que retirarse de la exhibición en Art Basel Miami Beach una semana después de su instalación, cuando el artista de acción David Datuna se lo comió.

LIENZO EN EL SUELO

Diana Wood de Burlington, Carolina del Norte, EE. UU., usa una hidrolavadora para convertir su entrada de concreto en un lienzo para crear imágenes de aves, animales, plantas y mariposas. La usa como si fuera una lata de pintura en aerosol gigante; cambia el ángulo de la punta para lograr diferentes grados de limpieza y formar así imágenes bellamente detalladas.

PIANISTA TÍMIDO

El compositor y pianista polaco Frédéric Chopin tenía una timidez patológica y solo realizó alrededor de 30 conciertos públicos en su vida. Insistía en tocar el piano en la oscuridad. Apagaba las velas de la habitación, e incluso cuando tocaba en un evento o una fiesta, pedía que primero apagaran la luz.

NOSTALGIA DE PELÍCULA

El mundo ha cambiado mucho; antes de Netflix y las descargas por Internet, ¡había que salir de casa si uno quería ver una película que no tenía! Para muchos, eso significaba visitar una tienda de alquiler de películas, como Blockbuster. Durante tres noches en septiembre de 2020, los nostálgicos de la década de los 90 pudieron reservar una fiesta de pijamas clásica dentro de la última tienda de Blockbuster que todavía alquila películas, ubicada en Bend, Oregon, EE. UU. El evento retro incluyó bocadillos para las películas, un sofá cama y sillones tipo puf, además de "estrenos" de los años 90.

CAMPO
DE LUZ

El artista británico de renombre internacional Bruce Munro creó esta instalación de arte de varias hectáreas.

Con el atinado título de *Campo de luz*, muestra más de 58 000 esferas con tallo. La pieza se inspiró en la experiencia de Munro en el Desierto Rojo de Australia, donde vio plantas que florecían "bajo un manto resplandeciente de estrellas". Las fibras ópticas alimentadas por energía solar iluminan cada lámpara, creando sutiles capullos de colores cambiantes. *Campo de luz* se ha exhibido en cerca de 20 ubicaciones diferentes en el mundo.

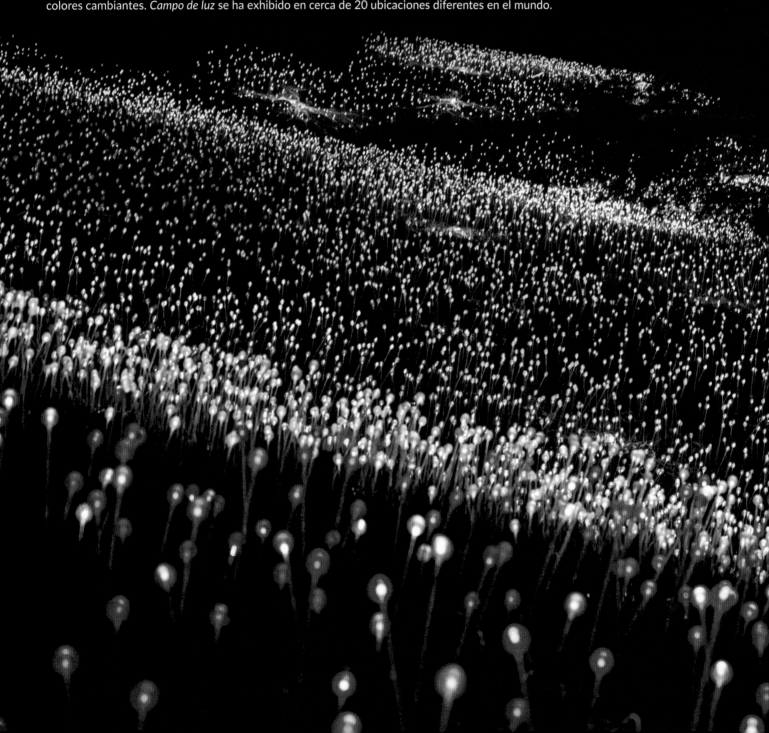

EQUILIBRIO PERFECTO

¡Las obras del artista palestino Mohammed al-Shenbari parecen desafiar la gravedad! Puede encontrar el punto de equilibrio preciso de cualquier objeto, lo que le permite lograr lo que parece imposible, como parar sillas sobre una sola pata, equilibrar cilindros de gas sobre una llave vertical e incluso posar un televisor grande sobre la boca de una botella de refresco. Cuando empezó, tardaba días en completar una escultura. Después de solo un año de práctica, ¡le toma ahora solo unos minutos!

ZAPATOS DE VENDAS

Rhea Ballos, de once años, ganó varias medallas de oro en un evento deportivo interescolar en Iloilo, Filipinas, a pesar de no tener zapatos adecuados para correr. Ganó los 400, los 800 y los 1500 metros corriendo con zapatos improvisados hechos con vendas en las que había garabateado un logotipo de Nike a mano.

PICOS MÁS ALTOS

Nirmal Purja de Nepal escaló los 14 picos más altos del mundo, cada uno de más de 8000 m de altura, en solo 189 días. Otros alpinistas han tardado al menos ocho años en lograr la hazaña. Incluso logró escalar el Everest, el Lhotse y el Makalu (la montaña más alta, y la cuarta y la quinta más altas del mundo) una tras otra en solo 48 horas.

PROFESOR PODEROSO

Usando solo sus manos, William Clark, profesor de la Universidad de Binghamton, Nueva York, EE. UU., dobló siete clavos metálicos de ferrocarril en un minuto. En 2018, partió 23 placas de coche por la mitad en 60 segundos.

YOGA AÉREO

El 7 de septiembre de 2019, siete caminantes de *slackline* de varios países cruzaron una cuerda tendida a 350 m del suelo en Moscú, Rusia: más alto que la Torre Eiffel. El grupo realizó la audaz caminata de 216 m en una cuerda tendida entre dos torres de gran altura. Al día siguiente, un miembro del grupo, el alemán Friedrich Kühne, se balanceó sobre una pierna para realizar movimientos acrobáticos de yoga a la mitad del recorrido.

ATERRIZAJE DE EMERGENCIA

En apenas su tercera lección de vuelo, el piloto estudiante Max Sylvester se vio obligado a realizar un aterrizaje de emergencia en Perth, Australia, cuando su instructor, Robert Mollard, perdió el conocimiento en la cabina del avión. Con solo dos horas de experiencia de vuelo, tuvo que volar él solo durante 50 minutos para realizar un aterrizaje seguro.

CARRERA CON ESPOSAS

Olivia y Jerome Roehm, de Newark, Delaware, EE. UU., ganaron seis cajas de cerveza y 555 USD (cinco veces el peso en libras de Olivia) cuando ganaron el Campeonato de cargar esposas de América del Norte de 2019 en Newry, Maine. El recorrido de 254 m cuenta con dos obstáculos de troncos y un pozo de agua fangosa conocido como "el hacedor de viudas".

ODISEA EN SILLA DE RUEDAS

Desde el 10 de mayo de 2006 hasta el 6 de diciembre de 2007, Chang-Hyun Choi de Corea del Sur condujo 28 000 km en su silla de ruedas motorizada controlada por la boca. Chang-Hyun, que tiene parálisis cerebral y está paralizado del cuello para abajo, viajó a una velocidad máxima de 13 km/h y atravesó 35 países de Europa y Medio Oriente.

Cuando apareció en el programa de variedades de la televisión filipina *Eat Bulaga*, el actor Paolo Ballesteros mantuvo los ojos abiertos sin parpadear durante 1 hora, 17 minutos y 3 segundos.

CANGREJADA

Durante un banquete en Luoyang, China, se utilizó más de una tonelada de cangrejos de río para crear una versión masiva de este animal.

Miles de turistas se reunieron para disfrutar de una comida de este crustáceo de agua dulce, uno de los favoritos de la región. Son tan populares, que a menos de un día en coche, en la ciudad de Qianjiang, se puede encontrar una enorme estatua de 15 m de altura en honor a estos mariscos.

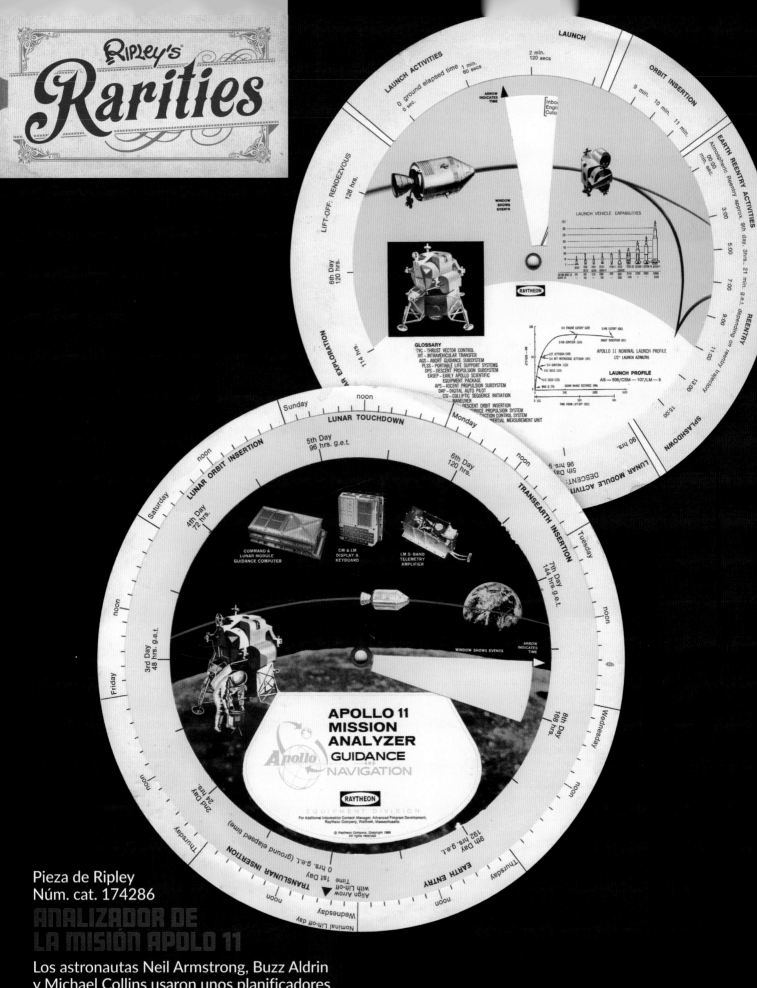

Pieza de Ripley
Núm. cat. 174286

ANALIZADOR DE
LA MISIÓN APOLO 11

Los astronautas Neil Armstrong, Buzz Aldrin
y Michael Collins usaron unos planificadores
como este para organizar sus actividades
durante la primera misión a la Luna.

Richard LeParmentier.
21 Sydney St. SW. 3.

The
Adventures of Luke Starkiller
as taken from the
"Journal of the Whills"
by
George Lucas

(Saga I)
STAR WARS

Revised Fourth Draft
March 15, 1976

Lucasfilm Ltd.

Pieza de Ripley
Núm. cat. 174076

GUION DE *LA GUERRA DE LAS GALAXIAS*

Uno de los primeros borradores de la primera película
de *La guerra de las galaxias*. ¡Luke Skywalker se llamaba
originalmente Luke Starkiller!

Pieza de Ripley
Núm. cat. 174086

REBANADA DE METEORITO DE PALLASITA

Los meteoritos de pallasita están
llenos de cristales de oro verdoso y
son extremadamente raros. Son de los
primeros tipos de rocas identificados
como extraterrestres.

ATRÉVETE A VOLAR

Pocos artistas victorianos deleitaron al público y dominaron los titulares de los periódicos como la trapecista Leona Dare (1855-1922) y su mandíbula de acero.

Todo acerca de Dare (cuyo nombre real era Susan Adeline Stuart) conmocionaba y provocaba a las multitudes victorianas, desde sus atrevidos atuendos (con medias color piel) hasta sus trucos que desafiaban a la muerte. Con una boquilla hecha a la medida, volaba suspendida a alturas vertiginosas sin sujetarse con nada más que sus mandíbulas y dientes. Los titulares de los periódicos la llamaban la "Cometa de 1873", la "Reina de las Antillas" y el "Orgullo de Madrid". Después, Dare incorporó al trapecista M. George al espectáculo: ella sostenía con sus dientes apretados la cuerda de la que él colgaba, un truco conocido hoy como la "mandíbula de hierro".

El 13 de diciembre de 1884 se produjo un desastre. Dare colgaba de los pies del techo de un teatro en Valencia, España. Tenía entre los dientes las cuerdas de un trapecio del que colgaba George. De repente, presa de un "ataque de nervios", se le aflojaron las mandíbulas y su compañero se desplomó y murió. Horrorizada por el terrible accidente, se retiró temporalmente del espectáculo. En 1888, Dare volvió a la cima del éxito, suspendida de un globo aerostático que dirigía Eduard Spelterini. Se dice que el globo ascendió a más de 1524 m durante su acto. Dare disfrutó de una vida profesional impresionante, marcada por su fuerza física y resistencia, dos características que no solían admirarse en las mujeres de su época.

Leona Dare

Artistas de circo modernos realizando el acto de la mandíbula de hierro.

La boquilla personalizada de Leona Dare, que se muestra aquí, se encuentra actualmente en el Museo de Arte y Cultura del Noroeste en Spokane, Washington, EE. UU.

SOLO AGREGUE AGUA

En el teatro de marionetas de agua Thang Long en Hanoi, Vietnam, los titiriteros realizan su espectáculo parados con el agua hasta la cintura, ¡en un tanque de 4 m²!

La presencia de los artistas queda oculta a la audiencia por una pantalla de bambú. Utilizan varas largas de bambú con mecanismos de cuerda, todo oculto debajo de la superficie, para operar las marionetas de madera, de modo que parecen moverse sobre el agua por su cuenta. La tradición se remonta al siglo XI, cuando los campos de arroz se inundaban y los aldeanos del delta del río Rojo solían entretenerse con marionetas de agua.

QUESO FÚNEBRE
Los residentes de Grimentz, Suiza, solían pasar años añejando ruedas de queso para que se consumieran en sus propios funerales.

POSTES DE MADERA
El Palacio Real de Ámsterdam, Países Bajos, se asienta sobre 13 659 postes de madera. Se construyó en un terreno pantanoso entre 1648 y 1665, y los postes se fijaron en una capa de tierra arenosa a más de 11 m por debajo de la superficie, para evitar que el edificio se hundiera.

JARDINES SOBRE RUEDAS
Cada año, los expertos en paisajismo de Japón compiten en el concurso de jardinería kei-tora, en el que los participantes convierten las plataformas de minicamiones en hermosos jardines en miniatura. Algunos son tan elaborados, que incluyen acuarios y cascadas.

PUEBLO ÚNICO
Saint-Louis-du-Ha! Ha! en Quebec, Canadá, es la única ciudad del mundo con dos signos de admiración en su nombre.

ENTREGA AÉREA
Cada semana, la empresa de pizzas Papa Murphy's en Anchorage vuela cientos de kilómetros para entregar unas 150 pizzas congeladas a lugares remotos de Alaska como Prudhoe Bay, lo que en coche sería un viaje de 1368 km.

POETA FÚNEBRE
Si alguien en Ámsterdam, Países Bajos, fallece sin amigos ni familiares que preparen su funeral o lloren su muerte, un poeta compone un poema y lo recita en el funeral.

ÁRBOL DE HADAS

La construcción de una autopista en el condado de Clare, Irlanda, se desvió y se retrasó 10 años debido a un árbol mágico. Según la leyenda, el espino es un punto de encuentro para las hadas de Munster cuando van a la batalla contra las hadas de Connacht, por lo que el ayuntamiento local se vio obligado a mantener la nueva carretera de Limerick a Galway a por lo menos 5 m del árbol y a erigir una valla protectora a su alrededor.

PAREDES DE HUESO

Mientras trabajaban en la Catedral de San Bavón en Gante, Bélgica, unos arqueólogos descubrieron paredes construidas con huesos humanos y cráneos destrozados. La mayoría están hechas de huesos de muslos y espinillas, con los espacios entre ellos rellenos de cráneos. Se cree que los muros se construyeron en el siglo XVII o principios del XVIII con huesos de personas que murieron en la segunda mitad del siglo XV.

CORREO DE ÁRBOL

La ciudad de Melbourne, Australia, dio a todos sus 77 000 árboles números de identificación y direcciones de correo electrónico para que las personas pudieran informar sobre su estado general. Algunos residentes comenzaron a escribirles cartas de amor o a hacerles preguntas difíciles.

AUTOBÚS RESTAURANTE

En la región francesa de Auvernia se puede disfrutar de cocina gourmet en un autobús de dos pisos. Los chefs Charles y Mélina Moncouyoux crearon Le Bus 26, un restaurante móvil con capacidad para 26 personas, que cada mes se traslada a una nueva ubicación en la zona.

> ## La cantidad de frascos de Nutella que se venden en un año sería suficiente para cubrir ocho veces la Gran Muralla China.

LLUVIA DE HIERRO

Wasp-76b, un exoplaneta a unos 390 años luz de distancia, tiene una temperatura de 2400 °C en su lado soleado y es tan caliente que el hierro se vaporiza en su atmósfera y cae en el lado más frío como lluvia de hierro. Es casi el doble del tamaño de Júpiter.

CHOCOLATE ARCOÍRIS

Al imprimir una estructura especial en su superficie, científicos en Suiza crearon un chocolate que tiene un color oscuro ordinario en condiciones normales, pero brilla con los colores del arcoíris cuando se coloca bajo la luz directa.

¡TAPÁSTICO!

El artista venezolano Oscar Olivares elaboró un mural ecológico usando 200 000 tapas de botella recicladas. El joven artista colaboró con OkoSpiri y Movement in Architecture for the Future para recolectar las coloridas tapas entre los ciudadanos locales. El enorme mural de 43 m de largo se encuentra en la Plaza Escalona en el municipio de El Hatillo, Caracas. Sirve como recordatorio para reducir, reutilizar y reciclar, y es también una celebración de esperanza para el futuro del país.

CRISIS DE IDENTIDAD

La peculiar apariencia de la apropiadamente llamada rana tortuga (*Myobatrachus gouldii*) podría dejarlo a uno rascándose la cabeza. Esta criatura hinchada de color rosa vive en los suelos arenosos de Perth, Australia, y tiene una extraña cabeza que recuerda la de una tortuga. Su tez con motas doradas, ojos negros y brillantes y una boca extraña le dan la apariencia de una tortuga que olvidó su caparazón. Le encanta comer termitas. Además, la rana tortuga se salta la etapa de renacuajo por completo: ¡sale del huevo directamente como una diminuta rana bebé!

PEINADO FAMOSO

Sengamalam, una elefanta de Tamil Nadu, India, logró fama mundial por su peinado único con fleco, que le lavan tres veces al día durante el verano y al menos una vez al día durante las otras estaciones. Su *mahout*, o cuidador, el Sr. Rajagopal, señala que el corte de pelo solo es posible debido a su naturaleza tranquila y gentil y a que se deja lavar y peinar con regularidad.

BECERRO DE SAN VALENTÍN

Una ternera nacida en la granja de James McAuley en el condado de Antrim, Irlanda del Norte, el día de San Valentín de 2020 tenía en la frente una mancha con forma perfecta de corazón. La llamaron Be My Valentine.

RESPETO DE CAIMÁN

Si van nadando uno cerca del otro, los caimanes les dan a los manatíes el derecho de paso. Los manatíes que quieren pasar simplemente nadan hacia los caimanes que bloquean su camino y los apartan suavemente.

LEÓN ESTUDIANTE

Un león macho adulto fue rescatado del interior de una escuela primaria en el distrito de Gir Somnath de Gujarat, India. El león entró a un pueblo en busca de comida, pero se metió en la escuela cuando trataron de ahuyentarlo y subió las escaleras hasta el segundo piso. Por fortuna, la escuela estaba vacía en ese momento.

PALOMA DEL MILLÓN

Armando, una paloma de carreras campeona belga propiedad de Joël Verschoot, se vendió por más de 1.4 millones de dólares en una subasta en 2019.

MURCIÉLAGO NADADOR

Si cae al agua, el gran murciélago bulldog de América del Sur puede nadar usando sus alas como remos. Es una de las pocas especies de murciélago que se ha adaptado para atrapar peces. Utiliza la ecolocalización para detectar ondas en el agua que hacen los peces y luego extiende sus afiladas garras para atrapar a su presa.

CASI INVISIBLE

Las morenas bebés no solo no se parecen en nada a sus padres, sino que apenas se ven, debido a su apariencia serpentina translúcida.

Las morenas bebés no tienen glóbulos rojos, huesos ni columna vertebral; solo tienen una fina capa de tejido muscular. Una matriz gelatinosa sostiene su cuerpo, lo que recuerda en cierto modo a los extraterrestres de *Abismo* (1989). Sus cabezas son desproporcionadamente pequeñas en comparación con el resto del cuerpo. Sus órganos internos también son pequeños, y las crías dependen de un tubo intestinal simple para digerir los nutrientes. Esta falta de estructura interna contribuye a su "invisibilidad". A medida que crecen, su piel se espesa y se vuelve opaca. El ancho y el largo de su cuerpo cambian, y crean glóbulos rojos.

Anguila morena adulta.

ESCALA
EXUBERANTE

El Aeropuerto Internacional de Singapur tiene sus propios senderos naturales, jardines de mariposas y cactus, ¡y un spa de peces!

La atracción principal es un complejo abovedado llamado Jewel en cuyo centro se encuentra una cascada cilíndrica de 40 m de altura en la que circula agua de lluvia recolectada. Cerca del techo hay una enorme red en la que los visitantes pueden equilibrarse sobre la selva tropical interior. También hay un laberinto de setos, "tazones" de niebla, toboganes esculturales, coloridos topiarios y juegos interactivos de alta tecnología. ¡Es un aeropuerto donde se agradece que el vuelo se retrase!

Viajeros de vacaciones disfrutando de la nieve artificial.

FARAÓN DE CAFÉ

El Gran Museo Egipcio en Guiza creó un retrato en mosaico de la máscara mortuoria del faraón Tutankamón, también conocido como el Rey Tut, ¡con 7260 tazas de café! Al combinar más de 65 kg de café con 1000 litros de leche, los organizadores pudieron lograr una variedad de tonos para recrear la imagen del niño rey. El proyecto tardó 12 horas en completarse y cubrió un área de 60 m².

VIAJE LENTO

El ferrocarril de la montaña Nilgiri, que transporta pasajeros desde Mettupalayam hasta Ooty en el sur de la India, tiene una velocidad promedio de solo 11 km/h. Cubre una distancia de 46 km, pero el viaje cuesta arriba tarda unas 4 horas, 50 minutos, y el viaje cuesta abajo, 3 horas, 35 minutos.

EDIFICIO DE BOTELLAS

Una escuela en San Pablo, Filipinas, fue construida por completo con botellas de refresco de plástico recicladas llenas de adobe, un sustituto del concreto hecho de tierra, paja y agua.

ISLA PÓMEZ

Una isla flotante de piedra pómez de 150 km², de al menos 15 cm de espesor, fue vista a la deriva en el océano, frente a Australia, en 2019. Se cree que la "balsa", que tenía más del doble del tamaño de Manhattan en EE. UU., es producto de una explosión volcánica submarina cerca de Tonga. La piedra pómez flota porque es liviana y muy porosa.

GOLF DE AEROPUERTO

Hay un campo de golf de 18 hoyos entre las dos pistas del Aeropuerto Internacional Don Mueang en Bangkok, el segundo aeropuerto con más tráfico aéreo de Tailandia. No hay barreras que separen el campo de ninguna de las pistas, y los golfistas confían en una luz roja para saber que se acerca un avión.

LEY DE DISCULPA

Los canadienses son famosos por ser educados y por disculparse, por lo que para protegerlos legalmente, se creó la "Ley de disculpas" en 2009, en Ontario. Establece que disculparse por una acción no implica una admisión de culpa o responsabilidad.

CABEZAS DE MUÑECA

El sendero Doll's Head Trail de 2.4 km de largo en el parque Constitution Lakes, en las afueras de Atlanta, Georgia, EE. UU., está bordeado con cabezas de muñecas, como una escena de una película de terror. Fue creado por el carpintero local Joel Slaton, que usó la basura que encontraba en sus caminatas por el parque para crear piezas de arte con docenas de cabezas de muñecas desmembradas.

PLATINO COMESTIBLE

El chef Lazarius Ken Leysath Walker del restaurante The Twist en Columbia, Carolina del Sur, EE. UU., creó un pastel de cangrejo de 310 USD con trufas negras e incrustaciones de platino comestible.

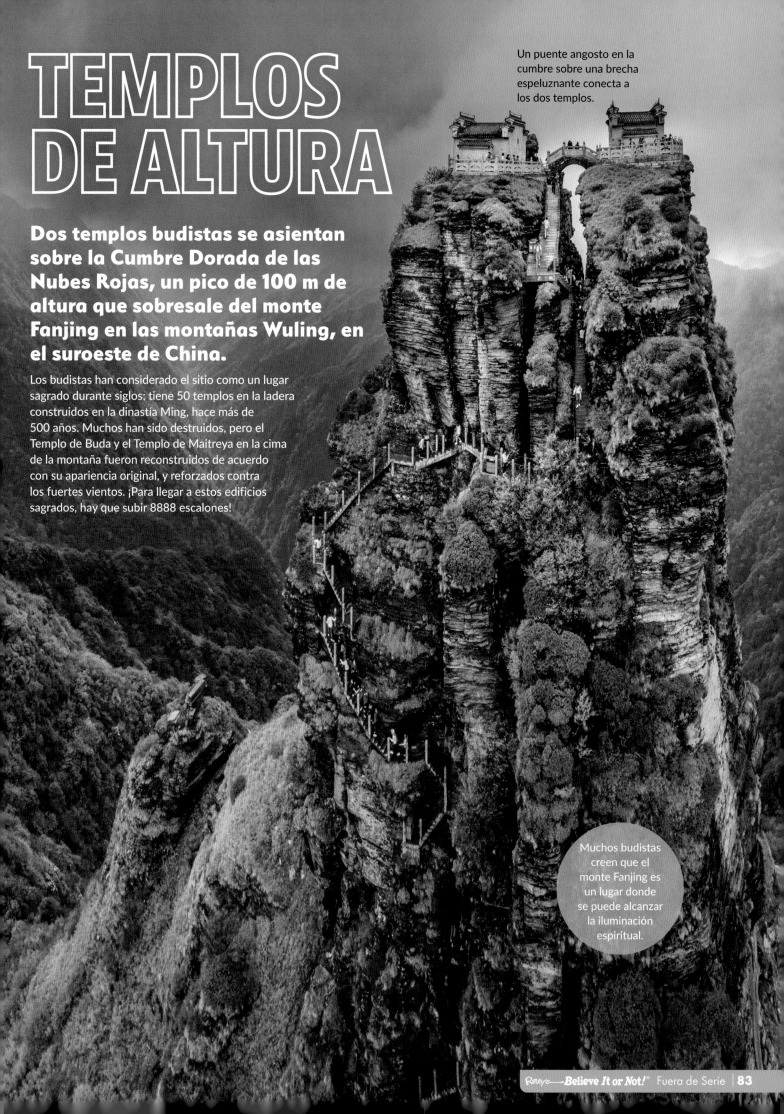

TEMPLOS DE ALTURA

Un puente angosto en la cumbre sobre una brecha espeluznante conecta a los dos templos.

Dos templos budistas se asientan sobre la Cumbre Dorada de las Nubes Rojas, un pico de 100 m de altura que sobresale del monte Fanjing en las montañas Wuling, en el suroeste de China.

Los budistas han considerado el sitio como un lugar sagrado durante siglos; tiene 50 templos en la ladera construidos en la dinastía Ming, hace más de 500 años. Muchos han sido destruidos, pero el Templo de Buda y el Templo de Maitreya en la cima de la montaña fueron reconstruidos de acuerdo con su apariencia original, y reforzados contra los fuertes vientos. ¡Para llegar a estos edificios sagrados, hay que subir 8888 escalones!

Muchos budistas creen que el monte Fanjing es un lugar donde se puede alcanzar la iluminación espiritual.

FUNERALES FALSOS

Para tratar de frenar la creciente incidencia de suicidios, hay programas en Corea del Sur que ofrecen "funerales en vida", como una forma de que las personas reflexionen sobre sus vidas. La mayoría de las experiencias incluyen vestirse con ropa fúnebre tradicional, escribir elegías, testamentos simulados y notas de despedida, además de tenderse en un ataúd en una habitación oscura para meditar sobre la vida. El programa les ha servido a muchos para obtener un mayor aprecio de sus vidas.

PRIMERO EN SABER

¡Johnny Cash afirmó ser el primer estadounidense en enterarse de la muerte del líder soviético José Stalin en 1953! El trabajo de Cash como operador de radio en el ejército de EE. UU. consistía en interceptar mensajes soviéticos, uno de los cuales informó de la muerte de Stalin. Si su afirmación es cierta, ¡es posible que lo supiera antes que el presidente Eisenhower!

DINERO EN EL SOFÁ

Howard Kirby encontró 43 000 USD escondidos dentro del cojín de un sofá que había comprado por 35 USD en una tienda de segunda mano en Owosso, Michigan, EE. UU. Howard pensó que el cojín se sentía duro, abrió la cremallera y encontró el dinero adentro. Generosamente, devolvió el dinero a los sorprendidos dueños anteriores.

SANGRE AZUL

La sangre de una mujer de 25 años de Providence, Rhode Island, EE. UU., se volvió azul oscuro después de que tomó un medicamento que contenía benzocaína, para un dolor de muelas. Desencadenó una rara reacción que provocó una *metahemoglobinemia*, que puede poner azules la sangre y la piel.

REALMENTE MADURO

Una familia en Michigan, EE. UU., ¡tiene un pastel de frutas de 143 años que ha pasado de generación en generación! Fidelia Ford hizo el postre en 1878 y tenía la intención de servirlo después de un año de añejamiento. Lamentablemente, Fidelia murió antes y su esposo no se atrevió a cortar el pastel. En vez de comerlo, se pasó de padres a hijos, y ahora está en posesión de Julie Ruttinger, la tataranieta de Fidelia. En 2003, el pastel de frutas apareció en el *Tonight Show*, donde Jay Leno probó un pequeño trozo del postre duro como una roca.

LEGADO ETERNO

El cuerpo del líder revolucionario ruso Vladimir Lenin se ha mantenido en exhibición desde su muerte en 1924.

El cuerpo reside actualmente en el Mausoleo de Lenin, en la Plaza Roja de Moscú. A Rusia le cuesta alrededor de 200 000 USD al año preservar su cuerpo y mantener su aspecto tan real como sea posible. Un equipo de unas seis personas apodado el "grupo del mausoleo" es responsable de mantener la apariencia del político fallecido. Cada 18 meses, el cuerpo se pone en un baño de mes y medio de duración con líquidos embalsamadores.

A diferencia de la momificación, que cambia la apariencia y la textura de un cuerpo para preservar las partes originales, el objetivo del embalsamamiento es mantener el cuerpo con el aspecto que tenía en vida, incluso si eso significa que no es totalmente original. Los órganos internos de Lenin se extirparon y se reemplaza el tejido dañado con plástico, cera u otros materiales.

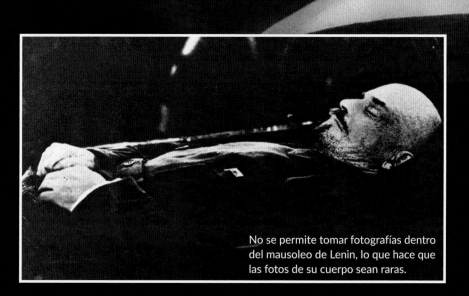

No se permite tomar fotografías dentro del mausoleo de Lenin, lo que hace que las fotos de su cuerpo sean raras.

El Dr. Emslie encontró esta momia de pingüino aún más vieja, de 1000 años de antigüedad, en un sitio cercano, Cape Barne.

AVE DESCONGELADA

Durante un viaje de investigación en 2016 a Cape Irizar, mar de Ross, en la Antártida, el ornitólogo Steven Emslie descubrió ¡restos momificados de pingüinos de 800 años de antigüedad!

El hallazgo desconcertó a Emslie al principio, porque los cadáveres parecían frescos, pero no había ningún registro de que hubieran vivido pingüinos en esa zona en los últimos 100 años. Resulta que los restos habían estado enterrados bajo la nieve y el hielo durante cientos de años, conservando todo, desde huesos y plumas hasta excrementos y cáscaras de huevo. El calentamiento causado por el cambio climático derritió el hielo y dejó al descubierto estas antiguas colonias de pingüinos Adelia.

ARMAZONES DE PELO
La empresa británica de Tom Broughton, Cubitts, fabrica armazones para anteojos con varios productos de desecho, como papas, CD viejos, vasos de yogurt y cabello humano.

BILLETE FALSO
En 2019, un hombre intentó sin éxito abrir una cuenta bancaria en Lincoln, Nebraska, EE. UU., con un billete de un millón de dólares. El billete de mayor denominación emitido para circulación pública en Estados Unidos fue uno de 10 000 USD.

SIGUE FUNCIONANDO
Erica Bennett perdió su iPhone cuando se le cayó por la borda en un bote en el río Edisto en Carolina del Sur, EE. UU., pero un buzo lo encontró 15 meses después y aún funcionaba.

PECES GRATIS
De 1884 a 1894, los residentes de Baltimore, Maryland y Washington, D.C., EE. UU., podían escribirle a su congresista y recibir un pez dorado gratis. Se regalaron alrededor de 20 000 cada año antes de que terminara el programa.

PRIMEROS DEL AÑO
Katrin Guðjónsdóttir, la primera bebé nacida en Islandia en 1980, dio a luz al primer bebé nacido en Islandia en 2017.

CHAQUETA INDESTRUCTIBLE
La marca de ropa de aventuras holandesa Vollebak vende una chaqueta acolchada con el exterior hecho de Dyneema, una fibra que es 15 veces más resistente que el acero. Aunque el material es liviano, es tan fuerte, que durante una prueba detuvo los disparos de un rifle de asalto Kalashnikov.

TRAJE ANTIFUEGO

En la Exposición Municipal de Berlín, Alemania, en 1936, debutaron los "trajes ignífugos" diseñados para ataques aéreos. Al igual que los equipos de buceo en aguas profundas, cubrían a los usuarios de pies a cabeza. La parte superior de cada casco tenía un rociador, alimentado por una conexión a una manguera, que expulsaba un poderoso rocío de agua. Una simple palanca manual permitía controlar la presión del rociador. A pesar lo "innovador" del traje, nunca se generalizó su uso, ya que el diseño daba lugar a desagradables quemaduras por vapor.

PARTOS GEMELOS

Alexzandria Wolliston de West Palm Beach, Florida, EE. UU., dio a luz a dos pares de mellizos en 2019. Mark y Malakhi nacieron el 13 de marzo, seguidos por Kaylen y Kaleb poco más de nueve meses después, el 27 de diciembre.

ÓRGANOS ÚNICOS

Los pulmones son los únicos órganos del cuerpo humano que pueden flotar en el agua.

PRIMER BEBÉ

Cuando el 27 de enero de 2020 nació Luciana, hija de Joe y Jeanne Golato, fue la primera bebé que nació en Sea Isle City, Nueva Jersey, EE. UU., en más de 40 años.

BALA PERDIDA

A un hombre en Connecticut, EE. UU., que tenía dolor al orinar, le sacaron una bala de la vejiga 18 años después de que le dispararan.

CONO DE NIEVE

Durante los meses de invierno, las cataratas Helmcken de Columbia Británica, Canadá, se transforman en una cascada de nieve y un cráter únicos en su tipo que hay que ver para creer. Cuando las temperaturas caen por debajo del punto de congelación, se crean las condiciones perfectas para que el agua que fluye libremente de las cataratas se transforme en copos de nieve en el aire. A medida que esta nieve nueva se acumula en el fondo, crea un "cono de nieve" único. Helmcken, la cuarta cascada más grande de Canadá, tiene una altura de 141 m. Este espectáculo nevado único ocurre contra el espectacular telón de fondo del parque provincial Wells Gray, al norte de Kamloops.

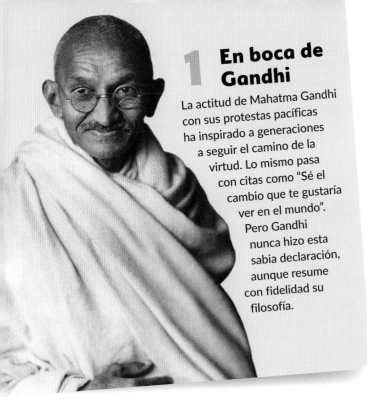

1 En boca de Gandhi

La actitud de Mahatma Gandhi con sus protestas pacíficas ha inspirado a generaciones a seguir el camino de la virtud. Lo mismo pasa con citas como "Sé el cambio que te gustaría ver en el mundo". Pero Gandhi nunca hizo esta sabia declaración, aunque resume con fidelidad su filosofía.

EDICIÓN DE CITAS

A veces, un concepto erróneo se repite tanto, que muchos terminan creyéndolo.

A eso hemos dedicado en Ripley nuestra sección "Or Not!". Revise esta lista de datos "Or Not!" antes de publicar esa cita inspiradora en Instagram.

3 Un pequeño error

La frase de Neil Armstrong "Es un pequeño paso para el hombre, un salto gigantesco para la humanidad" sigue siendo icónica. Pero Armstrong sostuvo durante años que había dicho "a man" (un hombre) en lugar de "man" (el hombre). Un análisis por computadora en 2006 confirmó la historia del astronauta al identificar la palabra que faltaba.

2 Mujer histórica

Si bien la vida de Marilyn Monroe resultó ser un emblema de la cita "Las mujeres que se portan bien rara vez hacen historia", ella jamás hizo esta afirmación. La frase fue acuñada en 1976 por Laurel Thatcher Ulrich, escritora y profesora de Harvard.

5 Pan o pastel

Cuando la gente del pueblo moría de hambre en París, María Antonieta les aconsejó: "Que coman pastel". Su abierto desprecio por el sufrimiento fue recompensado con la decapitación por parte de la multitud. Sin embargo, la historia señala que en realidad dijo "brioche", una especie de pan dulce, y no pastel.

4 Oscar verboso

Nadie lo dijo mejor que Oscar Wilde: "Sé tú mismo; todos los demás ya son alguien más". Solo que la cita original de Wilde resultó ser mucho menos concisa: "La mayoría de las personas son otras personas. Sus pensamientos son opiniones ajenas, sus vidas, una imitación, sus pasiones, una cita".

MODA REPTIL

Para el entusiasta de los reptiles que lo tiene todo, los mejores regalos de este año son conjuntos para humanos y lagartos que hacen juego, creados por la diseñadora de modas de Los Ángeles Penelope Gazin.

Ha creado más de 20 prendas diferentes para lagartos, que se venden con su marca Fashion Brand Company. ¿Su razonamiento detrás de esta línea de ropa única? "Odio a los lagartos", dice, "así que quería crear ropa para cubrir sus repugnantes cuerpos". Desde vestidos estampados en rojo y blanco hasta llamativos suéteres dignos de comentarios de las "lenguas viperinas", los reptiles y sus dueños humanos tienen muchas opciones de combinar a la moda.

PARCHE PIRATA

Los piratas no usaban parches en los ojos para cubrir un ojo faltante, sino para ver mejor en la oscuridad. El ojo humano promedio tarda alrededor de 25 minutos en adaptarse de la luz del sol brillante a la oscuridad total, por lo que al pasar bajo cubierta, los piratas se cambiaban el parche de un ojo al otro para poder ver con el ojo que ya estaba ajustado a la oscuridad.

CABEZA EXPLOSIVA

Jill Lafferty de Woodbury, Nueva Jersey, EE. UU., ha sido diagnosticada con una rara afección llamada síndrome de cabeza explosiva, que la hace imaginar fuertes golpes mientras duerme. El trastorno del sueño la ha llevado a escuchar disparos imaginarios fuera de su casa que eran tan realistas, que llamó a la policía.

FLAMENCOS FALSOS

Hay más flamencos de plástico en el mundo que flamencos de verdad. Se calcula que hay 250 000 flamencos reales en comparación con millones de adornos para jardines.

VOTO ESPACIAL

Drew Morgan, astronauta de la Estación Espacial Internacional, votó en una elecciones de 2019 en Pensilvania, EE. UU., con un voto en ausencia desde el espacio.

JESÚS LO SALVÓ

Durante la carrera Twin Cities 10-Mile de 2019 en Minneapolis, Minnesota, EE. UU., Tyler Moon, un corredor que llevaba en su pechera la leyenda "Jesús salva", sufrió un ataque al corazón y una de las personas que ayudó a revivirlo fue otro competidor, ¡llamado Jesús Bueno!

PROPUESTA PUENTE

Dan Del Tufo y Julia Kallmerten, ambos ingenieros civiles, llevaron su compromiso a nuevas alturas en el puente Memorial Bridge de elevación vertical, en Portsmouth, New Hampshire, EE. UU. Ambos habían trabajado en proyectos cerca del puente. El tráfico se bloqueó temporalmente cuando Dan se arrodilló para pedirle matrimonio en el momento en que el puente se elevaba a su punto más alto.

GUSANO EN EL OJO

Los médicos extrajeron un gusano parásito de 7 cm de largo, que se retorcía, del globo ocular de Jasubhai Patel, de 70 años, de Gujarat, India. Creen que el gusano entró en su ojo cuando lo mordió un perro 12 años antes.

ROMPECABEZAS GIGANTE

Kodak lanzó a la venta un gigantesco rompecabezas de 51 300 piezas que medía 8.7 × 1.9 m. Tiene imágenes de 27 monumentos internacionales, como la Estatua de la Libertad y el Taj Mahal, todas ellas tomadas por fotógrafos profesionales.

PINTANDO CON LUZ

LumiLor es una pintura electroluminiscente que se ilumina cuando se pasa electricidad a través de ella.

A diferencia de la pintura que brilla en la oscuridad, que pierde rápidamente su brillo, LumiLor se ilumina cuándo, dónde y cómo uno quiera. Diseñada por el pintor de accesorios Andy Zsinko, utiliza una capa de base que conduce una corriente eléctrica. Los pintores profesionales pueden aplicarla a diversas superficies, como plástico, metal, madera y fibra de vidrio e incluso a fibra de carbono, lo que da como resultado cascos, motocicletas, guitarras eléctricas y muchos objetos más con iluminación.

EN EL RISCO

Situado frente a la costa de Vestmannaeyjar (islas Westman) de Islandia, el faro de Þridrangaviti ofrece una vida costera extrema. Situado de manera precaria sobre un pilar rocoso que sobresale del océano Atlántico, el faro se encuentra en una isla a unos 9.6 km de la costa. Hoy en día se puede llegar en helicóptero, mucho más cómodo que cuando los trabajadores que lo construyeron llegaron al sitio en 1938. Antes de los helicópteros, los trabajadores ascendían la roca de 36.5 m de altura para hacer los cimientos a mano.

ESCUELA PALACIEGA

El empresario ruso Andrei Simanovsky está transformando su antigua escuela, construida en la década de 1940 en Ekaterimburgo, en un extravagante palacio barroco francés, con todo y candelabros y paredes doradas, pisos de mármol y una fuente. La escuela secundaria 106 ha experimentado un aumento repentino en el número de estudiantes desde que comenzó el increíble cambio de imagen.

CAFÉ AÑEJADO

The Münch, una cafetería en Osaka, Japón, sirve café de 22 años a 900 USD la taza. El propietario, Kanji Tanaka, tuvo la idea de añejar el café después de descubrir que un lote helado que accidentalmente dejó en el refrigerador por seis meses había adquirido un sabor único.

CRUCE DE AVIONES

La línea ferroviaria de Napier a Gisborne en Nueva Zelanda cruza la pista principal del aeropuerto de Gisborne. Los trenes deben detenerse y obtener autorización de la torre de control de tráfico aéreo antes de continuar.

PLAYA ROJA

Cada año, una playa entera en Panjin, China, brilla con un rojo intenso. Se cubre de un tipo de alga marina llamada *Suaeda salsa* que brilla con un color rojo intenso en el otoño.

ORIGEN MINERO

La primera montaña rusa del mundo se construyó para transportar carbón cuesta abajo. El Mauch Chunk and Summit Railroad en el este de Pensilvania, EE. UU., se inauguró en 1827 para transportar el carbón que los mineros extraían de las montañas cercanas; descendía 285 m en un viaje de 14 km. Alcanzaba una velocidad de 80 km/h en el descenso, lo que hacía que los visitantes preguntaran si podían viajar en los carros abiertos por unos pocos centavos. Entre los que viajaron en este tren estuvo LaMarcus Adna Thompson, que vio su potencial para el entretenimiento y construyó el Switchback Railway en Coney Island, la primera montaña rusa oficial de Estados Unidos.

GUERRA DE NIEVE

La Universidad de Columbia Británica en Vancouver, Canadá, pospuso su pelea anual de bolas de nieve el 15 de enero de 2020 porque había demasiada nieve.

MINA PROFUNDA

La mina de oro de Mponeng en Sudáfrica se extiende más de 4 km bajo tierra y es tan profunda, que le cabrían 10 edificios Empire State uno encima del otro. El viaje desde la superficie hasta el fondo de la mina dura más de una hora.

ISLAS PRINCIPALES

Japón tiene 6852 islas, pero solo cuatro de ellas (Hokkaido, Honshu, Kyushu y Shikoku) representan el 97 por ciento de la superficie total del país.

GRANDE Y ALTO

Desde los San Fermines hasta La Tomatina, ¡los festivales españoles incluyen coloridos desfiles en los que *cabezudos* y *gigantes* deambulan por las calles!

La persona que lleva el cabezudo mira por la boca y usa un arnés que le ayuda a controlar los movimientos. ¡El equilibrio es vital, ya que su función es perseguir y golpear a los asistentes al desfile con sacos de espuma! Los cabezudos casi siempre van acompañados de gigantes que miden de 3 a 4 m de altura. Por lo general, vienen en parejas de hombre y mujer, con personajes del folclor local. En festivales llenos de gente donde las cosas pasan muy rápido, ¡a veces más grande es mejor!

PUB LUMINOSO

Considerado el pub más festivo de Londres, el Churchill Arms decora cada temporada navideña su fachada exterior con 86 pinos y 22 500 luces. El pub realiza una ceremonia de encendido oficial de las luces para dar la bienvenida a la temporada la primera semana de diciembre. El evento incluye vino caliente, tartitas rellenas de pasas y villancicos.

GRADUACIÓN EN JUEGO

Cuando la pandemia de COVID-19 provocó el cierre de escuelas y universidades, la generación 2020 tomó el asunto en sus manos y organizó ceremonias de graduación en *Animal Crossing: New Horizons*. Las herramientas para personalizar ropa en el juego permitieron a los estudiantes crear togas y birretes de graduación. Crearon escenarios virtuales con podios y entregaron diplomas digitales. XQ America también participó con su proyecto "Graduémonos juntos". El proyecto incluyó un evento transmitido en vivo el 16 de mayo de 2020, para ofrecer una plataforma nacional a los graduados.

VECINOS RUIDOSOS

Gran parte del álbum de Eagles *Hotel California* se grabó en Criteria Studios en Miami, Florida, EE. UU., con la banda británica de heavy metal Black Sabbath en el estudio de al lado. Sabbath hacía tanto ruido, que la balada de cierre de Eagles, "The Last Resort", tuvo que volver a grabarse varias veces debido al ruido que se oía por una pared del estudio.

EN EL ÁLBUM

Al principio, la actriz Mae West se negó a dar permiso para que los Beatles usaran su imagen en la portada de su álbum *Sgt. Pepper's Lonely Hearts Club Band*, pero cambió de opinión después de que cada uno le envió una carta personal.

CABALLO CON GELATINA

En la película *El mago de Oz, se creó* "el caballo de otro color" cubriendo un caballo blanco con pasta de gelatina de color. Esas escenas tuvieron que rodarse rápido, porque el caballo no dejaba de intentar lamerla.

GATO CALLEJERO

El gato gris y blanco que sostiene Marlon Brando en la escena inicial de *El padrino* era un gato callejero que se encontró el director Francis Ford Coppola en los terrenos de Paramount. El gato estaba tan feliz, que su fuerte ronroneo hizo inaudible parte del diálogo de Brando, que luego tuvo que editarse y repetirse.

VOTO POPULAR

Taylor Hicks recibió más votos para ganar la quinta temporada del programa de televisión *American Idol* que Ronald Reagan en las elecciones presidenciales de 1984.

AUDICIÓN OPORTUNA

Cuando Matt LeBlanc hizo su audición para *Amigos*, solo tenía 11 USD en el bolsillo. Con su primer sueldo se compró una comida caliente.

LETRAS DE LA TUMBA

Cuando era niña, la autora de *Frankenstein*, Mary Shelley, aprendió a escribir trazando las letras de la lápida de su madre, Mary Wollstonecraft.

FAN FEED

TRIBUTO INCREÍBLE

La artista Nicoletta Bates de Southampton, Pensilvania, EE. UU., pintó un homenaje a *Aunque Ud. no lo crea* de Ripley en una chaqueta de mezclilla. Con pinturas acrílicas, Bates recreó la imagen de Liu Ch'ung, un hombre con dos pupilas en cada ojo que apareció en algunas de las primeras viñetas y libros de Ripley. En un lugar destacado en el centro se encuentra la "R" estilizada de nuestro logotipo. ¿Y los caracteres japoneses al lado? Quieren decir "Aunque Ud. no lo crea", ¡por supuesto!

BLOQUE A BLOQUE

La galardonada exhibición de arte de Sean Kenney, *Nature Connects*, contiene estatuas caprichosas creadas con millones de bloques de LEGO.

Durante la última década, Kenney ha transformado bloques de LEGO en obras maestras. Con los coloridos bloques de plástico, sus esculturas terminadas son como retratos pixelados de la vida cotidiana. Junto con un equipo de artistas que trabajan en Brooklyn, Kenney pasa años creando las piezas para cada exposición. Sus esculturas reflejan temas complejos como la armonía natural y la relación de la humanidad con la naturaleza. Los temas incluyen abejas, mariposas, flores e incluso seres humanos, todo en gran escala.

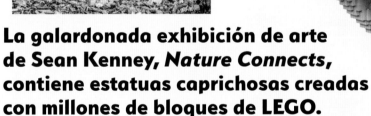

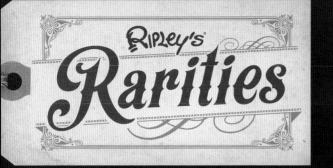

Ripley's Rarities

Pieza de Ripley
Núm. Cat. 173669

BATISFERA

Réplica de un sumergible sin motor de principios de la década de 1930. Este invento podía llevar a dos personas y revolucionó la exploración de las profundidades. Sujeta a un cable, ¡la batisfera podía llegar a profundidades de casi mil metros!

Pieza de Ripley
Núm. Cat. 9233

LA MALETA DE ROBERT RIPLEY

El fundador de ¡Aunque Ud. no lo crea!, de Ripley, Robert Ripley, visitó 201 países en toda su vida. Las calcomanías de sus viajes se pueden ver en su maleta, incluida una de la Feria Mundial de Chicago de 1933, donde se presentó el primer Odditorium.

Pieza de Ripley
Núm. cat. 173635

KIT DE SUPERVIVENCIA DE COSMONAUTAS

Mochila de finales de la década de 1980 diseñada para cosmonautas en caso de aterrizaje de emergencia. La mochila incluye una sierra de cable, una brújula, equipo de pesca, esquís plegables de metal, un botiquín, cajas para bengalas y balas, una linterna, cerillos, un espejo para señales, suministros para purificar agua, una caja de plástico para comida, ¡y otras cosas!

Esquís metálicos plegables

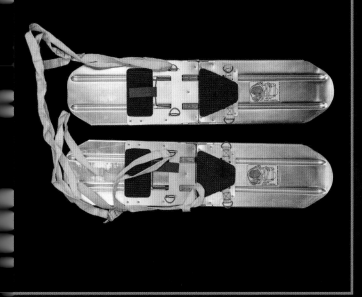

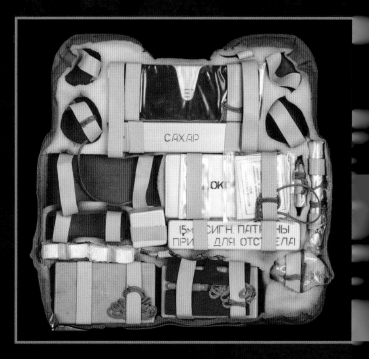

MORDIDA PODEROSA

El escarabajo titán de América del Sur crece hasta 16.5 cm de largo y tiene mandíbulas tan poderosas, que su mordida puede partir un lápiz en dos.

HAY QUE MIRARLAS FEO

Investigadores de la Universidad de Exeter en Inglaterra afirman que se puede evitar que una gaviota se robe la comida si uno se le queda mirando.

TOQUE GENTIL

En varias ocasiones, Gus, un perro cruzado de labrador y gigante de los Pirineos propiedad de Jennifer Ahlberg, ayudó a aves atrapadas dentro del porche cerrado de su casa tomándolas suavemente en su boca y luego liberándolas afuera.

CARACOL GIGANTE

El caracol tritón gigante puede crecer hasta 45 cm de largo y es capaz de matar y comerse a estrellas de mar paralizándolas con su saliva venenosa.

MORDEDURA DE ABEJA

Cuando las fuentes de polen son escasas, los abejorros muerden deliberadamente las hojas de ciertas plantas para que florezcan hasta un mes antes.

PINGÜINOS APIÑADOS

Para protegerse de los vientos gélidos de la Antártida, los pingüinos emperador forman grupos masivos de cientos de aves. Incluso cambian sus posiciones con las aves en el centro del grupo (donde el calor se retiene más fácilmente), moviéndose hacia el exterior para asegurarse de que cada pingüino pueda mantenerse lo más abrigado posible.

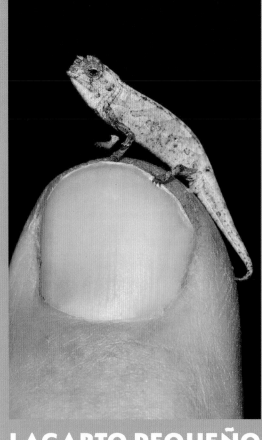

LAGARTO PEQUEÑO

Descubierto en la isla de Madagascar, el camaleón *Brookesia nana* es probablemente el reptil más pequeño del mundo. Las hembras alcanzan un máximo de unos 29 mm, pero los machos son aún más pequeños con solo 22 mm de largo, ¡incluida la cola! Un fenómeno conocido como el "efecto isla" ha tenido como resultado la evolución de muchas especies en miniatura en Madagascar, como el lémur ratón pigmeo, pero los investigadores no están seguros de si es por eso que el microcamaleón es tan pequeño.

DESCARGA DE ANGUILA

Una anguila eléctrica recién descubierta en el Amazonas, *Electrophorus voltai*, puede descargar 860 voltios de electricidad, más de siete veces el voltaje con el que se ilumina un foco estándar.

SORPRESA DE SERPIENTES

Se sacaron más de 150 serpientes *Thamnophis sirtalis* de debajo de la terraza trasera de la casa de Shaynon McFadden y Royce Robins en Elizabeth, Colorado, EE UU.

BRA OVEJUNO

Después de que Rose, la oveja, sufrió de daños en las ubres en una granja cerca de Auckland, Nueva Zelanda, la veterinaria Sarah Clews le colocó un sostén de maternidad durante tres semanas hasta que se alivió.

TRITURADOR DE COCHES

La mordida de un *Tyrannosaurus rex* ejercía alrededor de seis a siete toneladas de presión, lo que habría sido suficiente para aplastar un automóvil.

DESTRUCTORES DE DROGAS

Unos jabalíes en Toscana, Italia, olfatearon y destruyeron más de 20 000 USD en drogas que los traficantes había enterrado en un bosque.

ESTOY PERDIDO

Cuando Chico, una cruza de pastor alemán, se perdió, entró en la comisaría de policía de Odessa, Texas, EE. UU., en mitad de la noche, puso las patas sobre el mostrador ¡y se reportó perdido! Vivía como a kilómetro y medio de la estación y pronto se reunió con su dueño, Edward Alvarado.

CARACOL DE HIERRO

¡El caracol de patas escamosas desarrolla su propia armadura! Su caparazón no solo está cubierto de hierro, sino que también le crecen placas de metal parecidas a una cota de malla en su "pie" carnoso. Los investigadores creen que estas adaptaciones podrían brindar protección contra los depredadores, como los cangrejos. Y encima de todo, este gasterópodo vive junto a los respiraderos hidrotermales de aguas profundas en el océano Índico, ¡donde el agua puede alcanzar hasta 400 °C!

PIEL PROFUNDA

Cuando los sapitos de Surinam están listos para nacer, ¡literalmente brotan de la piel de su madre!

¿Y cómo llegaron allí? Bueno, después de que el macho fertiliza los huevos, los empuja contra el lomo de la hembra. Se quedan allí durante un par de días mientras la piel de la madre comienza a crecer sobre ellos. Luego, los huevos incuban, se desarrollan durante unos meses, y una vez que están listos, ¡POP! Salen al mundo y dejan a su madre cubierta de diminutos cráteres.

PAISAJE VERDE

Alrededor de 2000 pescadores se fueron de la otrora próspera aldea de Houtouwan en la isla de Shengshan a principios de la década de 1990, abandonándola a los estragos del tiempo y la vegetación.

La vida en este remoto pueblo chino, que se encuentra en una de las más de 400 islas en el archipiélago de Shengsi, tiene pocas comodidades, como puede atestiguar el puñado de residentes restantes. Sin embargo, a medida que las plantas continúan cubriendo las casas decrépitas, se ha creado una actividad nueva: el turismo. Ahora los visitantes acuden en masa a fotografiar sus estructuras envueltas en plantas, testimonio del proyecto de recuperación más pintoresco de la naturaleza.

2 CM

¡TAMAÑO REAL!

COMIENZO PEQUEÑO

Un bebé koala recién nacido pesa solo 0.5 g y tiene el tamaño de un frijol.

Aunque nace ciego, sin orejas ni pelaje, puede trepar de inmediato y sin ayuda a la seguridad de la bolsa de su madre, donde permanece durante unos siete meses. Durante el último mes en la bolsa, el bebé saca la cabeza para comer un tipo especial de heces llamado "pap" ¡del trasero de la madre! El pap es blando, rico en proteínas y necesario para preparar el aparato digestivo del bebé koala para comer hojas de eucalipto.

PEREZOSO CIENTÍFICO

El SlothBot, un robot de movimiento lento que funciona con energía solar, viaja por un cable entre los árboles y recopila datos sobre lo que afecta a las especies en peligro de extinción.

Lo construyó un equipo de ingenieros en robótica del Instituto de Tecnología de Georgia, EE. UU., que se inspiraron en los perezosos reales. Monitorea el clima, los niveles de dióxido de carbono, la temperatura y otros datos que solo se pueden observar mediante una presencia continua durante muchos meses o incluso años. Los investigadores lo ven como un nuevo y emocionante desarrollo en la aplicación de la robótica a la conservación.

INTERRUPCIÓN EXTRAORDINARIA
Una lucioperca, que un pájaro dejó caer del cielo, cayó sobre un transformador montado en un poste y provocó un apagón en los hogares de North Bay, Ontario, Canadá, el 19 de septiembre de 2019.

CACHORROS CURIOSOS
Dos oseznos fueron rescatados después de que se encerraron dentro de una camioneta y tocaron la bocina repetidamente para pedir ayuda. El técnico de seguridad Jeff Stokely había estacionado su camioneta frente a la casa de un cliente en Gatlinburg, Tennessee, EE. UU., pero los cachorros entraron por la puerta del lado del conductor y accidentalmente se encerraron. Cuando Stokely escuchó la bocina, fue a investigar y liberó a los osos.

FOTO DE MASCOTAS
Kathy Smith, de Corwen, Gales, pasó una semana entera creando una foto familiar de sus 17 perros y gatos. Tardó siete días en alinear a sus ocho perros y nueve gatos, sentados en un sofá y a su alrededor, todos mirando a la cámara al mismo tiempo.

TIENDA EN LÍNEA
Cuando Lv Mengmeng, cuidadora de un zoológico, dejó su celular en una sala del Mundo de los animales salvajes de Yancheng en la provincia de Jiangsu, China, un babuino muy vivo lo usó para hacer varias compras en línea. La cuidadora se sorprendió al encontrar mensajes que confirmaban pedidos en su carrito de compras, y cuando revisó las imágenes de vigilancia, vio que el babuino tomaba su teléfono con las manos y deslizaba el dedo hacia la izquierda y hacia la derecha en la pantalla.

GALLO ALBOROTADOR
Una pareja de jubilados en la pequeña isla de Oléron, frente a la costa atlántica de Francia, demandó sin éxito al gallo Maurice de su vecina Corinne Fesseau, por hacer demasiado ruido al cantar por las mañanas.

CUIDADOS DE ABUELA
Las orcas jóvenes tienen muchas más probabilidades de sobrevivir si tienen una abuela en su grupo que las cuide y les ayude a encontrar áreas de alimentación de salmón.

SUPLICIO EN LA LAVADORA
Posey, la gatita, sobrevivió 20 minutos dentro de una lavadora después de que su dueña Courtney Drury, de Liverpool, Inglaterra, puso la ropa y la echó a andar, sin darse cuenta de que la gatita había saltado adentro. Cuando la oyó maullar desde el interior, abrió la puerta por la fuerza y le dio a la empapada Posey primeros auxilios para salvarle la vida.

ESCAPE DEL INCENDIO
Danielle Schafer seguía dormida mientras un incendio arrasaba su edificio de departamentos en Lansing, Nueva York, EE. UU., hasta que su gata, Kitty, a quien había adoptado en un refugio, saltó sobre ella. Gracias a su mascota, logró escapar a salvo. y aunque Kitty no pudo salir de la habitación en ese momento, sobrevivió al humo negro y mortal enterrándose en las almohadas de su dueña durante las siguientes siete horas, hasta que un bombero la rescató al día siguiente de entre los escombros humeantes.

CURIOSAS CONDUCTAS DE CUERVOS

Los cuervos son unas de las aves más inteligentes que existen: pueden recordar caras, hacer gestos para comunicarse y usar herramientas, entre otras cosas. Su gran inteligencia hace que, a veces, su comportamiento parezca un poco... extraño.

CUERVO OBSESIONADO
George el cuervo destrozó los limpiaparabrisas de más de 20 coches en Essex, Inglaterra, por dos meses, lo que obligó a los conductores a protegerlos con lonas y mantas. Nadie está seguro de qué causó su comportamiento, pero ni siquiera dos búhos falsos y una cometa con forma de halcón que se instalaron para tratar de detener sus incursiones le impidieron atacar los limpiaparabrisas.

VENGANZA ALADA
Shiva Kewat, un trabajador de Madhya Pradesh, India, ha sido víctima de ataques constantes de cuervos durante más de tres años, después de verse involucrado accidentalmente en la muerte de un cuervo joven. Lo acosan cada vez que sale de casa y dice que los pájaros lo atacan solo a él y a nadie más, lo que lo obliga a defenderse con un palo.

LA MERIENDA
En las ciudades japonesas, se han visto cuervos que dejan caer una nuez en un paso de peatones y esperan a que un coche la rompa al pasar sobre ella, y luego se abalanzan para comerse la nuez partida en cuanto la luz del semáforo cambia a verde.

¡CINCO METROS DE CABELLO!

RIZO LARGO

Nguyen Van Chien, de Vietnam, ¡no se ha cortado el pelo en más de 80 años! Tampoco lo ha peinado ni lavado en todo ese tiempo. El resultado es una masa gigante de cabello de 5 m de largo que su hijo le ayuda a manejar. Nguyen dejó de cortarse el cabello después del tercer grado, en respuesta a lo que consideró un llamado divino. Hoy, lo mantiene todo enrollado, debajo de una bufanda.

FAMILIA DE CUCARACHAS

Un hombre de 24 años acudió a un hospital en la provincia china de Guangdong, quejándose de un dolor agudo en el oído derecho. Cuando los médicos lo examinaron, descubrieron una familia de 11 cucarachas, un adulto de tamaño normal y 10 crías, corriendo por su canal auditivo.

CUIDADO CON EL NOMBRE

Desde hace más de 400 años no caía un meteorito a la Tierra en la región de París, Francia, hasta 2011, cuando uno se estrelló contra la casa de una familia de apellido... Comette. La roca con forma de huevo, que se cree que tiene 4570 millones de años, se estrelló contra el techo de la casa de Martine Comette mientras la familia estaba de vacaciones.

PROBLEMAS DE ORINA

Dos médicos chinos, Zhang Hong y Xiao Zhangxiang, salvaron a un anciano con el estómago muy hinchado en un vuelo de Guangzhou, China, a la ciudad de Nueva York, EE. UU., succionando la orina de su vejiga durante 40 minutos. Construyeron un dispositivo improvisado con tubos de una de las máscaras de oxígeno del avión, y el Dr. Zhang logró succionar 1 litro de orina que estaba atrapada en la vejiga del hombre. El Dr. Zhang escupía la orina en una botella de vino vacía.

ASISTENTE DE INODORO

Sir Henry Norris, que fue ejecutado en 1536 por cometer adulterio con la esposa del rey inglés Enrique VIII, Ana Bolena, era un mozo de taburete, responsable de ayudar al rey a limpiarse cuando iba al baño.

NACIMIENTO GRABADO

El oficial de policía Jeremy Dean estaba patrullando el tráfico de la hora pico en West Valley City, Utah, EE. UU., el 11 de febrero de 2020, cuando un conductor lo detuvo para decirle que su esposa estaba a punto de dar a luz en su vehículo. El tráfico se detuvo mientras el agente se ponía guantes y ayudaba a la mujer a dar a luz, y todo el episodio quedó grabado por la cámara corporal de Dean.

ALTERNATIVA SABROSA

En 2019, a los estudiantes con multas de estacionamiento sin pagar en el campus de Anchorage de la Universidad de Alaska se les dio la opción de pagarlas con frascos de mantequilla de cacahuate, mermelada y otros alimentos para untar.

CAPTURA DE DRONES

Como no podía subir los escarpados acantilados de la provincia de Yunnan, la policía china terminó por usar drones para rastrear al fugitivo Song Moujiang, un prófugo desde hacía 17 años que estaba escondido en una pequeña cueva de la montaña.

MUSEO DE LAS RANAS

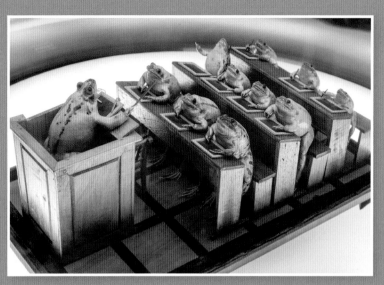

En un pequeño museo en la ciudad de Estavayer-le-Lac, Suiza, tienen 108 ranas disecadas en poses de escenas de la vida cotidiana de mediados del siglo XIX.

El nombre oficial del museo es Musée d'Estavayer-le-Lac et ses grenouilles, o "Museo de Estavayer-le-Lac y sus ranas", pero es más conocido como el museo de las ranas. Cuenta la leyenda que los anfibios disecados fueron creados hace más de 150 años por un oficial llamado François Perrier. El artista puso mucho cuidado en la elaboración de los muebles y accesorios de las escenas en miniatura, desde los patrones en una minúscula baraja hasta un cigarrillo que cuelga precariamente de la boca de una rana que juega al billar.

COLECCIÓN DE PELÍCULA

¡Stephen Sherrard-Griffith de Melbourne, Australia, cuenta con una colección de James Bond que inició hace más de 21 años, ¡en la que lleva gastados 55 000 USD! Tiene más de 4000 piezas que llenan tres habitaciones de su casa. El excineasta ha convertido la acumulación de parafernalia de Bond en un trabajo de tiempo completo. Su colección cuenta con figuritas raras, carteles de películas y libros con valor de miles de dólares.

PASEO DIARIO

El actor estadounidense Terry O'Quinn, que interpretó a John Locke en la serie de televisión *Lost*, caminaba regularmente 19 km al día de ida y vuelta al set.

JUGUETE RARO

Un prototipo poco común de una figura de acción de Boba Fett de *La guerra de las galaxias* de 1979 se vendió en una subasta en 2019 por 157 500 USD. El hecho de que haya tan pocos ejemplares del juguete se debe a que nunca salió a la venta por motivos de seguridad: su mecanismo de lanzamiento de cohetes se consideró demasiado peligroso.

PIEZA PARA CANICHE

Una de las primeras composiciones musicales de Ludwig van Beethoven fue una elegía para un caniche.

CORTE DE SPOCK

Cuando *Viaje a las estrellas* se convirtió por primera vez en un éxito televisivo en la década de 1960, el padre de Leonard Nimoy, Max, trabajaba como peluquero en Boston, Massachusetts, EE. UU. Los clientes iban a su peluquería y pedían un "corte de Spock", ¡sin saber que el padre de Spock les estaba cortando el pelo!

AMIGO LITERARIO

A Edgar Allan Poe le gustaba escribir con su gato siamés posado en su hombro. Ponía ahí al gato antes de comenzar a escribir un poema para sentirse más relajado e inspirarse.

SERVICIO DE BOMBEROS

El creador de *La guerra de las galaxias*, George Lucas, tiene su propio camión de bomberos y emplea a 14 bomberos de tiempo completo en su lugar de trabajo, Skywalker Ranch, cerca de Nicasio, California, EE. UU.

PATENTES POP

Seguramente reconocerá algunos de los nombres en esta lista, pero puede que le sorprenda saber que además de ser celebridades, ¡también son inventores! Eche un vistazo a las innovadoras patentes de estos nombres famosos.

BILL NYE

Bill Nye, conocido como *The Science Guy*, (el hombre de la ciencia) inspiró a generaciones de niños a entusiasmarse con el mundo natural, pero también le interesan las artes: ¡inventó una zapatilla de ballet que ofrece un mejor apoyo a los bailarines!

JAMES CAMERON

El director de éxitos como *Titanic* y *Avatar* inventó una plataforma rodante submarina autopropulsada que permite a los buzos moverse sin esfuerzo por el agua mientras filman.

JAMIE LEE CURTIS

Desde *Mentiras verdaderas* hasta *Un viernes de locos*, esta actriz volvió icónico el papel de "mamá", y siguió con ese trabajo fuera de la pantalla con el diseño de un pañal con un compartimento impermeable para toallitas húmedas para bebés.

MICHAEL JACKSON

Es apropiado que el artista que popularizó el *Moonwalk* inventara botas que desafían la gravedad con un enganche móvil, que permite al usuario inclinarse hacia adelante de manera poco natural, como se ve en su icónico video musical "Smooth Criminal".

HARRY HOUDINI

El famoso escapista y mago también incursionó en la invención: creó un traje de buceo que el usuario podía quitarse fácilmente estando sumergido en el agua.

AMOR ARDIENTE

Ricky Ash, doble profesional del Reino Unido, le propuso matrimonio a su novia, la enfermera británica Katrina Dobson, ¡mientras estaba envuelto en llamas!

A pesar de ser una pareja dispareja (Ricky mide 1.60 m y Katrina mide 1.90 m), la pasión se encendió después de que se conocieron en línea. El doble, que ha aparecido en éxitos de taquilla como *Sleepy Hollow* (1999) de Tim Burton, atribuye su éxito a su baja estatura. En 2000, entró en los libros de récords como el doble más versátil del mundo. Sin embargo, la propuesta abrasadora sigue siendo su hazaña más gratificante.

MOTÍN EN EL BALLET

Cuando el ballet del compositor ruso Igor Stravinsky *La consagración de la primavera* se representó por primera vez en París, Francia, en 1913, fue tan mal recibido, que los miembros del público armaron un escándalo y arrojaron objetos a la orquesta.

RAP ESTILO LIBRE

En Pittsburgh, Pensilvania, EE. UU., el rapero Frzy interpretó un rap de estilo libre durante 31 horas seguidas en enero de 2020.

MOSAICOS DE BACHES

Jim Bachor, un artista de Chicago, Illinois, EE. UU., repara los baches de las calles pegando coloridos mosaicos de helados sobre ellos.

PELEA DE GORRA

Ben Affleck, fanático de los Medias Rojas de Boston, se negó a usar una gorra de beisbol de los Yankees de Nueva York para una escena en la película *Perdida*. Él y el director David Fincher finalmente llegaron a un acuerdo para que el personaje de Affleck usara una gorra de los Mets.

DEMASIADO LENTA

Los productores eliminaron la canción "En algún lugar sobre el arcoíris" de *El mago de Oz* después de un preestreno, porque pensaron que "hacía lenta la película". Más tarde, volvieron a incluirla y ganó un premio de la Academia a la mejor canción original y se convirtió en el número clásico de Judy Garland.

ASTEROIDE DE PAPA

El departamento de efectos especiales de *La guerra de las galaxias: El Imperio contraataca* usó varias papas para simular asteroides distantes durante una secuencia de persecución.

NOMBRE DE TIENDA

La actriz Halle Berry recibió ese nombre por la tienda departamental Halle Brothers Co., muy famosa en su ciudad natal de Cleveland, Ohio, EE. UU.

PIE DE MOMIA

Como recuerdo de un viaje al Medio Oriente, el novelista francés del siglo XIX Gustave Flaubert volvió a casa con el pie de una momia, y lo puso en su escritorio.

DE CACERÍA

Cada octubre, la provincia de Bayan-Ölgii, en el extremo occidental de Mongolia, celebra el Festival del Águila Dorada, que atrae a espectadores de todo el mundo fascinados por las increíbles hazañas de los *burkitshi* kazajos, que son cazadores con águilas.

La tradición de los *burkitshi* se remonta al reinado de Kublai Kan. Nieto y sucesor de Genghis Kan, Kublai Kan encabezaba cacerías masivas con miles de cetreros y águilas reales. Hoy, el Festival del Águila Dorada mantiene viva esta tradición para que todos la disfruten. En 2020, el evento celebró su vigésimo aniversario con más de 120 competidores de entre 10 y 82 años.

Aunque el festival rinde homenaje a la antigua tradición de caza de Mongolia y Kazajstán, no se realiza ninguna cacería. Los jueces evalúan a los participantes por la complejidad de sus trajes kazajos, la elegancia de sus águilas en vuelo, la equitación y los matices de habilidad. El festival de dos días culmina con una ceremonia de entrega de premios en la que los cetreros ganadores reciben dinero, medallas y pequeños medallones para sus águilas. Para competir, los cazadores crían a los pájaros desde polluelos; los entrenan para diez años de servicio antes de devolverlos a la naturaleza.

HONGO FLOTANTE

¡Katy Ayers de Kearney, Nebraska, EE. UU., cultivó una canoa funcional de 2.4 m de largo hecha de hongos!

Conocido como "Myconoe", el bote está hecho de micelio, las raíces fibrosas y densas de un hongo que normalmente crecen bajo el suelo. Katy construyó la embarcación a partir de un esqueleto de madera cubierto de inóculos de hongos, con la ayuda de Ash Gordon, de la granja de hongos Nebraska. Suspendieron la estructura en una habitación en la que la temperatura oscilaba entre 27 y 32 °C y la humedad era del 90 al 100 por ciento. Luego, la naturaleza se hizo cargo. En septiembre de 2019, Katy cruzó con éxito el lago Eagle Scout en Grand Island para crear conciencia sobre las muchas formas en que los hongos ayudan a limpiar el medio ambiente, como frenar el cambio climático y combatir la contaminación.

BOLSO PERDIDO

En 2019, mientras demolían parte de la antigua Jeffersonville High School en Indiana, EE. UU., los trabajadores encontraron un bolso negro detrás de los gabinetes del aula de ciencias que pertenecía a Martha Ingham (ahora Martha Everett), una estudiante de último año de la escuela en 1955. El bolso, que contenía una invitación al baile de graduación, lápiz labial, fotos y envoltorios de chicle Juicy Fruit, le fue devuelto a Everett, de 82 años, en su casa de Englewood, Florida.

RÉCORD DE ARRESTOS

Tommy Johns de Brisbane, Australia, fue arrestado cerca de 3000 veces por ebriedad entre 1957 y el día de su muerte por un tumor cerebral en 1988.

FRAUDE DE LOTERÍA

Dos hombres fueron arrestados en Flowood, Mississippi, EE. UU., por tratar de reclamar un premio mayor de la lotería de 100 000 USD tras pegar los números ganadores en un boleto sin valor.

CERVEZA DE APOYO

A Floyd Hayes, de Brooklyn, Nueva York, EE. UU., le gusta tanto la cerveza, que registró una pinta como animal de apoyo emocional para llevarla en el transporte público.

CORREO ACUMULADO

Un trabajador postal de 61 años de Yokohama, Japón, fue arrestado por acumular 24 000 piezas de correo que no entregó durante 16 años, desde 2003.

GALLINAS EXCEDENTES

Cuando Steve Morrow, de Hamilton, Nueva Zelanda, vio una "venta urgente" de una gallina en un sitio de subastas en línea, pensó que estaba pujando por una sola gallina, solo para descubrir que con 1.50 USD en realidad había comprado 1000 aves al granjero de Auckland, Matthew Blomfield. Por suerte, Morrow logró encontrar hogares para las gallinas sobrantes.

BODA DE TIENDA

En diciembre de 2019, Valerie Sneade y Jason Roy se casaron en el mismo Dunkin' Donuts en Worcester, Massachusetts, EE. UU., en el que se habían separado 27 años antes, cuando eran jóvenes. En ese tiempo, ambos se casaron y se divorciaron.

MAÍZ PRECIOSO

Aunque Ud. no lo crea, ¡hay maíz en otros colores además del amarillo! Quizás la variedad más colorida es el maíz gema de cristal, que puede tener muchos tonos o incluso una mezcla tipo arcoíris. Pero no se come como otros tipos de maíz. El gema de cristal es un maíz de "sílex", lo que significa que el grano es duro, y es mejor para hacer harina o palomitas de maíz, en lugar de comerlo directamente de la mazorca. El agricultor de Oklahoma, EE. UU., Carl Barnes, que quería reconectarse con su herencia cherokee cultivando variedades de maíz nativo americano, aisló por primera vez el grano. Carl murió en 2016, pero dejó su hermoso producto como herencia.

HOTCAKES DE HIELO

¡Las aguas turbulentas hacen hotcakes grandes! Si bien la mayoría de los hotcakes se preparan con harina, leche y huevos, los que se muestran aquí están hechos de olas con temperaturas del aire justo por debajo del punto de congelación. El agua no está lo bastante fría como para congelarse por completo, por lo que la superficie se convierte en aguanieve. El agua en movimiento hace que esa fina capa de hielo se acumule en trozos que chocan entre sí, alisando los lados para crear hotcakes de hielo circulares. Estos "hotcakes" redondos y congelados pueden medir de 30 cm a 3 m de ancho y hasta 10 cm de grosor.

AUSTRALIA:
RUTA DE ARTE EN SILOS

La ruta de arte en silos se extiende más de 8000 km e incluye 44 silos pintados que muestran la historia de Australia a través de cautivadoras imágenes.

Los primeros silos pintados aparecieron en 2015 en Northam, Australia, y son obra de dos artistas de renombre mundial, Phlegm y HENSE (Alex Brewer), del Reino Unido y Estados Unidos, respectivamente. En el proceso, pintaron uno de los murales al aire libre más grandes de Australia hasta la fecha. Las pinturas en silos resultaron ser muy populares e inspiraron una serie de obras maestras y rutas en otros estados que en conjunto se conocen como el *Australian Silo Trail*. De 2017 a 2019, las zonas rurales de Australia sufrieron una grave sequía que afectó a los pequeños pueblos y agricultores, por lo que estos proyectos de murales no pudieron haber llegado en un mejor momento para contribuir a renovar la esperanza y fomentar el turismo local.

ARTE EN SILOS DE TUMBY BAY, SUR DE AUSTRALIA
Artista: Martin Ron
Tamaño: 2200 m²
Pintura utilizada: 430 litros
Dato curioso: El artista tuvo que distorsionar las imágenes para compensar las curvas de los silos, por lo que el mural solo puede verse correctamente desde un sitio específico.

ARTE EN SILOS DE NORTHAM, OESTE DE AUSTRALIA
Artistas: Phlegm y HENSE
Tamaño: 511 m²
Pintura utilizada: 740 litros
Dato curioso: Estos murales iniciaron el movimiento de arte en silos en Australia. Cada artista pintó cuatro silos en sus estilos característicos. El de Phlegm está a la izquierda y el de HENSE, a la derecha.

Artista: The Brightsiders
Tamaño: 1800 m²
Pintura utilizada: 2800 litros y 1500 latas de aerosol
Dato curioso: Los artistas vivieron en un pub de Yelarbon durante el año que tardaron en completar este mural, y en ese tiempo, ¡consumieron unas 283 pintas (134 litros) de cerveza!

ARTE EN SILOS DE BARRABA, NUEVA GALES DEL SUR

Artista: Fintan Magee
Tamaño: 40 m de altura
Pintura utilizada: 280 litros
Dato curioso: El hombre que aparece en el mural es un "adivino de agua". Esta práctica seudocientífica se conoce como "rabdomancia" y tiene cientos de años; se supone que lleva al adivino al agua escondida bajo tierra.

SILOS DE GRAINCORP EN ROCHESTER, VICTORIA

Artista: Jimmy Dvate
Tamaño: 22 m de altura y 15 m de altura
Pintura utilizada: 90 litros y 116 latas de aerosol
Dato curioso: Las especies en estos silos, la ardilla planeadora y el martín pescador azul, son endémicas de Australia, es decir, no viven en ningún otro lugar del mundo.

SILOS DE GRAINCORP EN SHEEP HILLS, VICTORIA

Artista: Adnate
Tamaño: 1200 m²
Pintura utilizada: 500 litros y 250 latas de aerosol
Dato curioso: El mural muestra a miembros de la comunidad Barengi Gadjin, un grupo indígena con el que el artista pasó tres semanas para crear este diseño.

PÁJARO MATUSALÉN

En 1916, uno de los personajes emblemáticos de Sídney, una cacatúa de moño amarillo australiana llamada Cocky Bennett, murió a la extraordinaria edad de 120 años.

Aunque Ud. no lo crea, Cocky todavía tiene el récord del loro más longevo de Australia. Vivía en el hotel Sea Breeze de Tom Uglys Point en Blakehurst, y deleitaba a los invitados con sus simpáticas ocurrencias. Una de sus frases favoritas era "One feather more, and I'll fly!" (¡Una pluma más y me voy volando!). A pesar de su gracioso "cotorreo", Cocky Bennett habría tenido problemas para cumplir esta amenaza, ya que pasó los últimos 20 años de su vida casi sin plumas.

HUÉSPEDES EMPLUMADOS

Antes de la famosa ceremonia de indulto del pavo de la Casa Blanca en Estados Unidos, dos afortunados guajolotes, Corn y Cob, fueron huéspedes VIP del Willard InterContinental Hotel en 2020. No fue la primera vez que el hotel de cuatro estrellas abrió sus puertas a huéspedes emplumados. En 2014, Tater y Tot pasaron una noche en el establecimiento de lujo, al igual que Mac y Cheese en 2016. Las lujosas habitaciones cuestan unos 268 USD por noche, y el pago corre a cargo de la National Turkey Federation. ¿Cómo protegen las habitaciones del hotel de lujo? Con muchas láminas de plástico y virutas de pino.

LADRÓN CANINO

Cuando dos paquetes desaparecieron después de que los dejaron frente a la puerta de la casa de la familia Garza en McAllen, Texas, EE. UU., una cámara de seguridad reveló que el culpable era un perro callejero del vecindario. En ambas ocasiones, la cámara del timbre mostró al perro dando vueltas impaciente en espera de que el cartero se fuera; luego corría hacia la puerta, olisqueaba el paquete y se lo robaba.

RESCATE EN INODORO

Unos policías tuvieron que quitar un inodoro de porcelana en una casa de la provincia de Jiangxi, China, y romperlo para rescatar a un pangolín que estaba atrapado detrás.

MONSTRUO DEL CIELO

Una especie de pterosaurio volador que vivió hace unos 200 millones de años tenía una envergadura de 12 m, lo que lo hacía más ancho que un avión de combate F-16.

CAÍDA DE HORMIGAS

Una hormiga podría caer desde lo alto del edificio Empire State y resultar ilesa. El tamaño y el peso ligero de una hormiga le dan una velocidad terminal (velocidad máxima a la que algo cae) lenta. Esto, aunado al duro exoesqueleto de las hormigas, significa que incluso una caída desde una gran altura no las mataría ni las lastimaría al golpear el suelo.

AHUYENTA A LOS PUMAS

Cuando Dee Gallant vio a un puma que la seguía a ella y a su perro mientras paseaban en un bosque en la isla de Vancouver, Columbia Británica, Canadá, asustó al gran felino poniendo a todo volumen el éxito de Metallica "Don't Tread On Me" en su celular.

COMEDORES DE CEREBROS

Cuando algunas especies de pájaros carpinteros como el carpintero de Gila tienen mucha hambre, matan a aves más pequeñas, las inmovilizan y picotean furiosamente la parte posterior de la cabeza hasta que el cráneo se abre y pueden comerse el cerebro.

Pieza de Ripley
Núm. cat. 172646

BANDERA ESTADOUNIDENSE DE 39 ESTRELLAS

En 1889, los fabricantes de banderas empezaron a hacer banderas con 39 estrellas, porque se suponía que Dakota del Norte y Dakota del Sur se admitirían como un solo estado. Pero esto no ocurrió y el país pasó de 38 a 40 estados, lo que hizo innecesaria la bandera de 39 estrellas.

Pieza de Ripley
Núm. cat. 9233

CASA BLANCA CON PALILLOS DE DIENTES

Diseñada por Long Hoang de Vietnam y armada por Linh Vuong y su familia en Silver Springs, Maryland, EE. UU., este modelo a escala de la Casa Blanca está hecho con más de 100 000 palillos de bambú. No se usó pegamento; todas las piezas están insertadas en pequeños orificios perforados.

Pieza de
Núm. ca

CLAR
LINCO

Instrume
Hiram C
los guar
del presi
Abraham
Tocó est
noche de
de Linco
cuando s
cuerpo d
a un tren
llevaría a

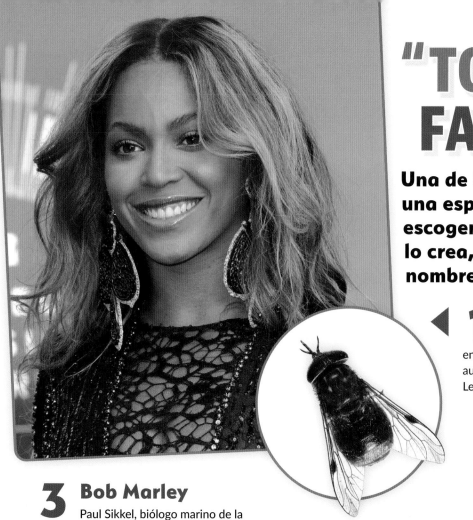

"TOCAYOS" FAMOSOS

Una de las ventajas de encontrar una especie nueva es que se puede escoger el nombre. Aunque Ud. no lo crea, ¡muchos científicos eligen nombres en honor a gente famosa!

◀ 1 Beyoncé

Los tupidos pelos dorados únicos que se encuentran en el abdomen de una rara especie australiana de tábano motivaron al científico Bryan Lessard a llamarlo *Scaptia beyonceae* en honor a Beyoncé.

2 Shakira

La cantante colombiana Shakira inspiró el nombre de una avispa parásita, *Aleiodes shakirae*, que toma el control de su oruga anfitriona y la obliga a sacudirse y mover el abdomen rítmicamente.

3 Bob Marley

Paul Sikkel, biólogo marino de la Universidad de Arkansas, EE. UU., nombró a un pequeño crustáceo parásito *Gnathia marleyi* en honor a Bob Marley y como tributo a su música.

4 Darth Vader

Quentin Wheeler, director del Instituto Internacional para la Exploración de Especies en Arizona, EE. UU., nombró a un escarabajo del moho *Agathidium vaderi* en honor a Darth Vader, por sus ojos similares y su cabeza brillante con forma de casco.

5 Kate Winslet

El entomólogo Terry Erwin le puso a un escarabajo *Agra katewinsletae* en honor a Kate Winslet, porque el insecto está en peligro de extinción y eso le recordó la desgarradora actuación de Winslet en la película *Titanic*, de 1997.

6 David Bowie

El aracnólogo alemán Peter Jäger nombró a una especie de araña particularmente vibrante *Heteropoda davidbowie* en honor al extravagante cantante David Bowie, cuya discografía incluye una canción titulada "Glass Spider" (araña de vidrio).

7 Príncipe Carlos

En reconocimiento al trabajo del Prince's Rainforests Project del príncipe Carlos de Inglaterra, se nombró a una nueva especie de rana arborícola descubierta en Ecuador en su honor: *Hyloscirtus princecharlesi*.

SHELBY
LA CHICA DE LOS BICHOS

Vivir con neurofibromatosis, un trastorno genético debilitante que hace que crezcan tumores en sus nervios, ha sido un reto para Shelby Counterman, pero su colección de más de 5000 cucarachas la anima a seguir adelante con optimismo.

A los 18 meses de edad, Shelby se emocionó palpablemente al ver un tanque lleno de cucarachas cerca de su casa en Claremore, Oklahoma, EE. UU. Sus padres supieron lo que tenían que hacer. La neurofibromatosis le hacía la vida dolorosa a Shelby. Para animarla, le dieron un regalo inusual: cinco cucarachas silbadoras de Madagascar. Y tenían razón. A lo largo de los años, la colección de Shelby ha crecido hasta llegar a tener más de 5000 insectos. ¿Qué es lo que más le gusta a esta joven de 13 años de estas criaturas incomprendidas? El papel esencial que juegan en la descomposición y limpieza de los ecosistemas.

Las cucarachas fueron solo el comienzo. ¡También le gustan las serpientes, las mariposas, las arañas y otros bichos!

¡Alojamiento digno de un rey! Las cucarachas de Shelby disfrutan explorando los castillos en sus tanques.

¡Shelby no tiene miedo de conocer de cerca a sus mascotas!

IMPRESIONES
MEMORABLES

La artista Mickey Alice Kwapis, de Chicago, EE. UU., se especializa en joyas de remembranza únicas en su tipo: medallones y viales llenos de ceniza, tierra o cabello, además de moldes de huellas digitales, impresiones nasales y huellas de patas que convierte en amuletos de metal.

Usando un proceso llamado "moldeo a la cera perdida", Kwapis puede crear réplicas casi perfectas de huellas humanas o animales en diversos metales, según las necesidades de sus clientes. También se pueden incorporar a la pieza terminada otros recuerdos, como cabello, cenizas y flores funerarias. Kwapis también es taxidermista, pionera en técnicas sostenibles en el campo, e incorpora la práctica en su joyería. Como coleccionistas de joyas y objetos inusuales y raros, Ripley se reunió con Kwapis para hacerle algunas preguntas sobre su trabajo.

La artista, Mickey Alice Kwapis

Dijes de impresiones nasales de una perra llamada Sophie.

P: ¿Cómo empezaste en el negocio de la taxidermia y la joyería de remembranza?

R: Cuando era niña, me fascinaban los especímenes científicos y la búsqueda de tesoros de la naturaleza, ¡así que la taxidermia se sintió como una progresión natural! En la universidad, comencé a combinar elementos de taxidermia y la naturaleza en mis joyas. Cuando murió mi tía, usé flores preservadas de su funeral para hacer joyas de remembranza para las mujeres de mi familia, y me encantó la posibilidad de ofrecer consuelo a los demás a través de algo que hice con mis manos.

P: A la gente no le gusta pensar en la muerte. ¿Qué se siente trabajar con esta sombría realidad casi a diario?

R: Mi trabajo es crear joyas y otros objetos sentimentales para personas que han perdido a un ser querido, por lo que es inevitable que dedique *mucho* tiempo a pensar en la vida y la muerte. Es devastador perder a una persona o un animal que amabas y que te amaba a ti, por lo que siempre me aseguro de que los clientes se tomen todo el tiempo que necesiten para llorar esta pérdida de la manera que les parezca adecuada. Cada vez que alguien me pide que le haga un recuerdo, pienso en el don que es que esa persona haya tenido a alguien a quien amaba tanto, que quiere conservar una parte de ella para siempre.

Medallón lleno de los tres colores del pelaje de un gato calicó llamado Jezebel.

Colgante creado con un molde de diente de león real.

Dijes de viales que contienen, de izquierda a derecha, un caballito de mar, un escorpión, una abeja, una araña viuda negra y una rana diafanizada que flota en un líquido especial, con hojuelas de oro.

Anillos con ojos de vidrio utilizados para taxidermia de aves.

> **"Mi trabajo es crear joyas y otros objetos sentimentales para personas que han perdido a un ser querido, por lo que es inevitable que dedique mucho *tiempo* a pensar en la vida y la muerte."**

P: ¿Cuál es tu pieza favorita o cuál tiene más significado para ti?

R: La pieza de joyería más significativa de mi propia colección es un medallón de oro muy pequeño lleno de tierra de tres lugares diferentes de una isla llamada Belle Isle, donde mi bisabuela y yo pasamos una buena parte de nuestras respectivas vidas de jóvenes y tiempo juntas. Cuando murió a los 102 años, encontré fotos antiguas de ella en algunos de los mismos lugares donde iba yo con mis amigos. Me encanta la idea de que las joyas de remembranza puedan contener todo lo que uno quiera, no solo restos reales. Falleció cuando cumplí 30 años y su último regalo para mí fue un libro de Ripley de mi infancia que fomentó mi amor por todas las cosas curiosas.

VISITANTE SORPRESA

En septiembre de 2019, las mareas altas del huracán Dorian llevaron a un manatí al patio trasero inundado de Corinne Hogan en el condado de St. Lucie, Florida, EE. UU., donde se le vio comiendo el pasto inundado.

ZAPATOS PERSONALIZADOS

Para curar las llagas de sus patas y ayudarla a caminar más cómodamente, el veterinario Matt Quillen de Afton, Tennessee, EE. UU., le puso a la pata Jenny un par de zapatos ortopédicos personalizados hechos con tapetes de cocina de una ferretería local.

A MANO

Un grupo de hombres en Costa Rica atrapó a un cocodrilo de agua salada de 2.4 m de largo, uno de los depredadores más mortíferos del mundo, a mano limpia, usando solo una toalla y una cuerda.

LAVAVAJILLAS MORTAL

Una pareja en Paris Creek, en el sur de Australia, encontró una serpiente marrón oriental muy venenosa dentro de su lavavajillas, a pesar de que el aparato había estado funcionando durante dos horas y media. Se cree que la serpiente entró por una tubería de drenaje.

ARREBATADO POR UN HALCÓN

Deborah Falcione, de Whitehall, Pensilvania, EE. UU., se reunió con su poodle miniatura Porschia, de 16 años, 28 horas después de que un halcón se llevó al perro, que es ciego y sordo. El ave atrapó y se llevó a Porschia del patio trasero de la casa, pero la dejó caer a cuatro cuadras de distancia, donde un vecino la encontró y la llevó a un hospital de animales.

SE TRAGÓ EL TENEDOR

Cuando Carli Ott compartió un trozo de pay de calabaza con Chemo, su perro cruza de bullmastiff y bóxer de cuatro años, el perro también se tragó el tenedor de metal que Carli sostenía. Lo operaron unos veterinarios de Cleveland, Texas, EE. UU., para sacarle el tenedor del sistema digestivo.

CANINO FUGITIVO

Payton, una perra cruzada que escapó de un centro de rescate cerca de Columbus, Ohio, EE. UU., finalmente fue capturada dos meses después, tras viajar unos 104 km; para ese entonces, ya la habían avistado 22 veces.

RATAS AL VOLANTE

Científicos de la Universidad de Richmond, en Virginia, EE. UU., entrenaron ratas para que condujeran coches diminutos para llegar a la comida.

CABALLO DE SERVICIO

En febrero de 2020, Ronica Froese, de Croton, Michigan, EE. UU., llevó a Fred, su caballo miniatura de apoyo emocional, en varios vuelos de American Airlines de Grand Rapids, Michigan, a Ontario, California. Viajaron en primera clase y Fred llevaba un disfraz de superhéroe con las palabras "Service Horse" (caballo de servicio).

INVASIÓN DE MURCIÉLAGOS

En diciembre de 2019, 1700 murciélagos invadieron un pequeño balcón en un edificio de departamentos en Lviv, Ucrania, y ocuparon rincones, armarios y cajones en busca de un lugar cálido para aparearse.

TODOS JUNTOS

¡Los perros pastores pueden pastorear más que solo ovejas! Pip y Tilly, dos border collie rescatados, ayudan al granjero Steve Childerhouse a mover 10 000 pavos de un lugar a otro en Whews Farm, Norfolk, Inglaterra. Steve dice que los perros y los pavos tardaron un poco en acostumbrarse al arreglo, pero una vez que lo hicieron, su trabajo se volvió mucho más fácil.

PEQUEÑOS
GIGANTES

El pez luna se transforma de una cría del tamaño de una cabeza de alfiler cubierta de púas en el pez óseo más grande del mundo: ¡miden más de 4.2 × 3 m y pesan más de 2000 kg!

Las estimaciones de crecimiento basadas en ejemplares cautivos sugieren que viven más de dos décadas, pero los científicos no han podido confirmarlo. Estos platillos voladores submarinos nadan batiendo sus "alas" y usando su seudocola como timón. Debido a su forma plana, el pez luna (*Mola mola*) es una delicia tentadora para más de 50 especies de parásitos. ¿Cómo se defienden de los parásitos? Flotan en la superficie del océano, donde los albatros, las gaviotas y otras aves marinas les arrancan las desagradables criaturas de su cuerpo

¡Tamaño real de un pez luna bebé!

Vestidas con ropa tradicional, estas mujeres indígenas de Bolivia ingresan al cuadrilátero de lucha libre no solo para pelear entre sí, sino también para luchar contra los estereotipos nocivos.

Conocidas como "cholitas", un término que alguna vez fue despectivo y que se ha reivindicado, las mujeres aimaras y quechuas aprovechan al máximo la teatralidad de la lucha libre. Con faldas en capas, huaraches, coletas trenzadas y bombines, las cholitas se presentan frente a cientos de espectadores, zarandeándose unas a otras en maniobras perfectamente practicadas. Y aunque las peleas pueden ser "falsas", los movimientos son reales y requieren de un entrenamiento intensivo.

La lucha de cholitas tiene solo unos 20 años, pero ya ha tenido un impacto. Estas mujeres fuertes desafían los estereotipos de género, enseñan técnicas de defensa personal y son defensoras elocuentes de movimientos políticos. A través de la lucha, hacen que sus comunidades sean más seguras y fuertes.

RIPLEY's
MARVELOUS! MIRROR MAZE™

¡MÁS ALLÁ DEL MUSEO!

¡LA AVENTURA COMIENZA AQUÍ!

RIPLEY's
IMPOSSIBLE
LaseRace™

¡DIVERSIÓN PALPITANTE!

LAS ATRACCIONES RIPLEY'S LASERACE Y MIRROR MAZE SOLO ESTÁN DISPONIBLES EN CANCÚN. ¡VISÍTANOS!

Ciudad de México, México

Veracruz México

Museo de lo Increíble

Guadalajara, México

RECONOCIMIENTOS

MASTER GRAPHICS Luis Fuentes, © Filipchuk Maksym/Shutterstock.com, © Vasya Kobelev/Shutterstock.com, © Titima Ongkantong/Shutterstock.com, © wenani/Shutterstock.com **8** (tl) Anton Sorokin/Alamy Stock Photo, (tr) © Awei/Shutterstock.com, (bl) © Ryan M. Bolton/Shutterstock.com, (br) BIOSPHOTO/Alamy Stock Photo **9** Paul Bertner/Minden Pictures **10** (t) Kelvin Aitken/VWPics/Alamy Stock Photo, (br) Ocean Exploration Trust via marinespecies.org (CC BY-NC-SA 4.0), (bl) © SergioRocha/Shutterstock.com **11** (t) ARFA/AFP via Getty Images, (b) Basri Marzuki/NurPhoto via Getty Images **14** (t) © Luca Lorenzelli/Shutterstock.com, (cl) Photogilio/Alamy Stock Photo **15** (bkg) Imaginechina Limited/Alamy Stock Photo, (cl) © OLOS/Shutterstock.com, (br) Imaginechina Limited/Alamy Stock Photo **16** Nature Picture Library/Alamy Stock Photo **17** (tl, tr, cr) SWNS **17** (bl, br) AURORA RUTLEDGE/CATERS NEWS **18–19** Ian Berry/Cover Images **18** (bl, c) Debbie Bragg/Cover Images **20** (t) Bettmann/Contributor, (bl) © Alvydas Kucas/Shutterstock.com, (b) © Jacob_09/Shutterstock.com **21** Courtesy of Hasan Kaval **22** (t) © cowardlion/Shutterstock.com, (b) robertharding/Alamy Stock Photo **23** (t) © Shawn.ccf/Shutterstock.com, (b) © Perati Komson/Shutterstock.com **24** Courtesy of Menga **24–25** © Mikhail Priakhin/Shutterstock.com **26** (t) © Bryan Millar Walker/Shutterstock.com, (cr) JOHN BRACEGIRDLE/Alamy Stock Photo **27** Marit Hommedal/EPA-EFE/Shutterstock **28** (t) © ForceAlex/Shutterstock.com, (c) © KUCO/Shutterstock.com, (b) © Foto-Ruhrgebiet/Shutterstock.com **29** (t) Ernie Ostuno, (b) TPG/Getty Images **30** (t) © Hethers/Shutterstock.com, (bl) © CK Travels/Shutterstock.com, (b) © Hethers/Shutterstock.com **31** (tl, t) Architect of the Capitol via flickr (Public Domain), (b) Richard Huber (CC BY-SA 4.0) **32** (t) Courtesy of Brianna Vorhees (b, br) DEBBIE WALLACE/CATERS NEWS **33** @jazzu.purrs - Instagram **36** Imaginechina Limited/Alamy Stock Photo **37** (t) Yomiuri Shimbun via AP Images, (bl) The Asahi Shimbun/Getty Images **38–39** (t) Leopold Nekula/Sygma via Getty Images **38** (bl) volkerpreusser/Alamy Stock Photo **39** (bl) Claus Felix/picture alliance via Getty Images, (cr) MediaWorldImages/Alamy Stock Photo **40** (t) Dilantha Dissanayake/CATERS NEWS, (bl, br) Kristina Dolnyk/Cover Images **41** Magnus Lundgren/naturepl.com **42** Wang Qingqin/Xinhua/Sipa/Shutterstock **43** (tl) Derek Beeman/Jenna Beeman, (b) © Delmas Lehman/Shutterstock.com **44** (bl) Lucas Vallecillos/VWPics/Alamy Stock Photo **44–45** (t) mauritius images GmbH/Alamy Stock Photo, (b) Agencja Fotograficzna Caro/Alamy Stock Photo **45** (cr) © travelarium.ph/Shutterstock.com **46** Bill and Ted's Excellent Adventure characters and images ™ & © 1989, 2021 Creative Licensing Corporation. All Rights Reserved **47** Courtesy of Linda Verhoeff and Henk Verhoeff **48** (t) GG Conservation/Caters News, (b) Courtesy of Christine Watts **49** (bkg) agefotostock/Alamy Stock Photo, (bl) © Smiler99/Shutterstock.com **50** (tl) © ackats/Shutterstock.com, (cl) Eckhard Pecher via Wikimedia (CC BY 2.5), (cr) © 22Images Studio/Shutterstock.com, (b) © Anthony McLaughlin/Shutterstock.com **51** (t) Courtesy of Jessica Zhang, (cl, cr, bl, br) © Travers Lewis/Shutterstock.com **54** (tl) © Jeff Bukowski/Shutterstock.com, (tr) The Susan Jaffe Tane Collection, Cornell University via Wikimedia Commons (Public Domain), (bl) British Library via Wikimedia Commons (Public Domain) **55** (tl) Harris Brisbane Dick Fund, 1924 via Metropolitan Museum of Art (CC0 1.0), (tr) Unknown author; Restored by Yann Forget and Adam Cuerden via Wikimedia Commons (Public Domain), (br) KRichter via Wikimedia Commons (Public Domain) **56** Jorge Saenz/AP/Shutterstock **56–57** Facebook: Bartz Snow Sculptures **58–59** REUTERS/Nacho Doce/Alamy Stock Photo **60** Kyle Marquart, @Kyle_and_Pyro **61** (bkg) © Olivier Guiberteau/Shutterstock.com, (bl) Zip Lexing/Alamy Stock Photo **62–63** (t) Mustafa Ozturk/Anadolu Agency via Getty Images **63** (bl, br) SWNS **64** (t) Alex & Rebecca May, (b) Dave Watts/Alamy Stock Photo **65** Tony Wu/naturepl.com **66** (tl) PA Images/Alamy Stock Photo, (cl) © Silvia Elizabeth Pangaro/Shutterstock.com, (cr) © encierro/Shutterstock.com, (b) Francis Specker/Alamy Stock Photo **67** (tr, c) SWNS, (br) Airbnb/Cover Images **68–69** George Rose/Getty Images **70** Hatem Moussa/AP/Shutterstock **71** Imaginechina Limited/Alamy Stock Photo **74** (l) Jules Chéret via Wikimedia Commons (Public Domain), (r) © benchart/Shutterstock.com, (rc) The John R. Van Derlip Fund via The Minneapolis Institute of Art (Public Domain) **75** (l) © benchart/Shutterstock.com, (lc) The John R. Van Derlip Fund via The Minneapolis Institute of Art (Public Domain), (tr) Jules Cheret/Alamy Stock Photo, (cr) UPI/Alamy Stock Photo, (b) Northwest Museum of Arts & Culture/Eastern Washington State Historical Society, Gift of Jeanne Keck and Barbara Oehler, 1981, 2790.7 **76** (tr) Sergi Reboredo/Alamy Stock Photo, (bkg) Hemis/Alamy Stock Photo, (bl) Westend61 GmbH/Alamy Stock Photo **77** Ariana Cubillos/AP/Shutterstock **78** (t) Stephen Zozaya via Wikimedia Commons (CC BY 2.5), (b) Elaventhan/CATERS NEWS **79** (bkg) Magnus Lundgren/NPL/Minden Pictures, (br) © Leonardo Gonzalez/Shutterstock.com **80–81** (bkg) © Sing Studio/Shutterstock.com **80** (t) © DerekTeo/Shutterstock.com, (b) Ore Huiying/Getty Images **82** CHINE NOUVELLE/SIPA/Shutterstock **83** Costfoto/Barcroft Media via Getty Images **84** (t) Jean Chung/Getty Images, (cr, b) David Guralnick/The Detroit News/TNS/Tribune Content Agency LLC/Alamy Stock Photo **85** (bkg) AFP via Getty Images, (b) © Hulton-Deutsch Collection/CORBIS/Corbis via Getty Images **86** Steven C. Emslie **87** © Smith Archive/Alamy Stock Photo, (b) Alan D. Wilson via Nature's Pics Online (CC BY-SA 3.0) **88** (tl) Elliott & Fry via Wikimedia Commons (Public Domain), (cl) Frank Powolny via Wikimedia Commons (Public Domain), (cr) NASA (Public Domain), (bl) Napoleon Sarony LC-DIG-ppmsca-07757 via Library of Congress (Public Domain) **89** Courtesy of Fashion Brand Company and Penelope Gazin **90–91** Lumilor India **92** ARCTIC IMAGES/Alamy Stock Photo **93** © klublu/Shutterstock.com, (bl) JAIME REINA/AFP via Getty Images, (b) PA Images/Alamy Stock Photo **94** (t) Getty Images for EIF & XQ, (b) Courtesy of Nicoletta Bates **95** (tl, bl) Steven Van Aerschot/Alamy Stock Photo, (tr, br) Imaginechina Limited/Alamy Stock Photo **98** (t) Frank Glaw/SNSB/ZSM/Cover Images, (b) David Shale/naturepl.com **99** (t) Nature's Images/Science Source, (b) © Andrea Florence/ardea.com **100–101** © Joe Nafis/Shutterstock.com **100** REUTERS/Alamy Stock Photo **102** (bkg) Roland Seitre/Minden Pictures, (tl) © Diana Taliun/Shutterstock.com, (br) © Susan Flashman/Shutterstock.com **103** (t) Georgia Tech Photo: Rob Felt, (br) © Eric Isselee/Shutterstock.com **104** REUTERS/Alamy Stock Photo **105** (t, c) REUTERS/Alamy Stock Photo, (b) JC20940 via Wikimedia Commons (CC BY-SA 4.0) **106** (tl, tr) Caters News, (bl) © Leigh Prather/Shutterstock.com **107** SWNS **108–109** (bkg) © Kertu/Shutterstock.com **109** © Kertu/Shutterstock.com, (c) © Vlad Sokolovsky/Shutterstock.com, (b) © Riska Parakeet/Shutterstock.com **110** Photo credit: Megan Ayers, Instagram: meg.ayers **111** © ThomasLENNE/Shutterstock.com, (b) Gary Cook/Alamy Stock Photo **112–113** (bkg) © mainfu/Shutterstock.com **112** (tr) Courtesy of Martin Ron and Annette Green, (bl, br) Art by Phlegm and Hense, photograph by Bewley Shaylor, images courtesy of FORM **113** (tl) Courtesy of Fintan Magee, (tr) Courtesy of The Brightsiders and Jordache Castilllejos, (cr) Courtesy of Jimmy Dvate and Annette Green, (br) Courtesy of Adnate **114** Courtesy of the Local Studies Collection, Sutherland Shire Libraries (Public Domain) **115** Cover Images **118** (tl) © Featureflash Photo Agency/Shutterstock.com, (tr) Bryan D. Lessard/CSIRO via scienceimage.csiro.au (CC BY 3.0), (cr) Seshadri.K.S via Wikimedia Commons (CC BY-SA 4.0), (b) Arcasapos via Wikimedia Commons (GNU FDL) **119** (bkg) © DayNightArt/Shutterstock.com, (tl, bl, br) Meg Counterman **120–121** Mickey Alice Kwapis **122** CATERS NEWS **123** (bkg) Daniel Botelho/Barcroft Media via Getty Images, (br) Courtesy of Matt Wittenrich and Dr. Jon Shenker of Florida Institute of Technology. **124–125** © sunsinger/Shutterstock.com, (t) © HaseHoch2/Shutterstock.com

Clave: t = arriba, b = abajo, c = centro, l = izquierda, r = derecha, bkg = fondo

Todas las demás fotos son de Ripley Entertainment, Inc. Se han realizado todos los esfuerzos posibles para reconocer apropiadamente y ponerse en contacto con los titulares de los derechos de autor. Nos disculpamos de antemano por cualquier error u omisión no intencional, que se corregirá en las siguientes ediciones.

Conéctese con  en línea o en persona

28 EXTRAORDINARIAS UBICACIONES

Hay 28 increíbles Odditoriums de ¡Aunque Ud. no lo crea!, de Ripley, en el mundo, ¡donde podrá disfrutar de nuestras espectaculares colecciones!

Ámsterdam
PAÍSES BAJOS

Atlantic City
NUEVA JERSEY, EE. UU.

Blackpool
INGLATERRA

Branson
MISSOURI, EE. UU.

Cavendish
P.E.I., CANADÁ

Copenhague
DINAMARCA

Dubái
EMIRATOS ÁRABES UNIDOS

Gatlinburg
TENNESSEE, EE. UU.

Genting Highlands
MALASIA

Grand Prairie
TEXAS, EE. UU.

Guadalajara
MÉXICO

Hollywood
CALIFORNIA, EE. UU.

Ciudad de México
MÉXICO

Myrtle Beach
CAROLINA DEL SUR, EE. UU.

Ciudad de Nueva York
NUEVA YORK, EE. UU.

Newport
OREGON, EE. UU.

Niagara Falls
ONTARIO, CANADÁ

Ocean City
MARYLAND, EE. UU.

Orlando
FLORIDA, EE. UU.

Panama City Beach
FLORIDA, EE. UU.

Pattaya
TAILANDIA

San Antonio
TEXAS, EE. UU.

San Francisco
CALIFORNIA, EE. UU.

St. Augustine
FLORIDA, EE. UU.

Surfers Paradise
AUSTRALIA

Veracruz
MÉXICO

Williamsburg
VIRGINIA, EE. UU.

Wisconsin Dells
WISCONSIN, EE. UU.

Busque todos los días en nuestro sitio web nuevas historias, fotos, concursos y mucho más. **www.ripleys.com**
No se olvide de seguirnos en las redes sociales para recibir una dosis diaria de lo extraño y lo maravilloso.

 /RipleysBelieveItOrNot @Ripleys  youtube.com/Ripleys

 @RipleysBelieveItorNot  @ripleysbelieveitornot